中国商标战略年度发展报告

(2014)

中华人民共和国国家工商行政管理总局 商标局 / 商标评审委员会 编著

中国工商出版社

前 言

2014年，全国各级工商行政管理和市场监管部门广大商标干部认真贯彻落实党的十八大和十八届三中、四中全会精神，按照国家工商总局党组决策部署，以新商标法实施为契机，锐意进取，开拓创新，推进商标事业改革发展再上新台阶。

——商标注册便利化水平不断提升。2014年，随着我国经济的转型升级，商事制度改革带来市场主体自主创新活力不断增强，商标注册申请量继续保持快速增长态势，首次突破200万大关，达228.5万件，同比增长21.5%，再创历史新高，连续13年位居世界第一。国家工商总局商标局、商标评审委员会积极应对商标申请量快速增长、三期系统上线和商标审查审理法定期限等多重压力，迎难而上，力克时艰，采取多项应急措施，提高商标注册审查效能，加班加点完成审查任务。全年共完成商标审查242.6万件，审查能力首次突破200万件大关，同比增长70.3%；商标平均审查周期控制在法定9个月期限以内。全年审结商标评审案件共11.6万件，其中审结驳回复审案件8.6万件，审结复杂案件3万件。

——商标法治化水平不断提高。2014年5月1日，新修订的商标法及其实施条例同步施行。全国各级工商行政管理和市场监管部门按照国家工商总局统一部署，切实做好商标法治宣传培训工作，推进新商标法顺利实施。工商总局局长张茅接受了新华社专访，工商总局召开新商标法实施新闻发布会，在人民网强国论坛举办了两期在线访谈，回应社会关切并回答记者提问。工商总局还举办了《商标法实施条例》暨第二届夏季青年奥林匹克运动会标志保护培训班。制定下发了

《关于执行修改后的〈中华人民共和国商标法〉有关问题的通知》，确保了新旧商标法的顺利过渡衔接。各地工商行政管理和市场监管部门也结合“4·26”知识产权宣传周，积极组织开展新商标法的系列宣传培训活动，提升全社会商标法律意识。

——商标专用权保护不断强化。全国各级工商行政管理和市场监管部门按照工商总局统一部署，着力加强商标行政执法，深入开展打击侵权假冒工作，持续保持打击侵权假冒违法行为的高压态势。2014年全系统共查处侵权假冒案件6.75万件，案值9.98亿元；依法向司法机关移送涉嫌犯罪案件355件，涉案金额4.8亿元。制定《工商总局关于依法公开制售假冒伪劣商品和侵犯知识产权行政处罚案件信息的意见（试行）》，组织各地做好案件信息的依法公开工作。加快推进建设商标行政执法信息共享平台，积极参与全国打击侵权假冒工作行政执法与刑事司法衔接工作信息共享平台建设，进一步做好商标行政执法与刑事司法衔接配合工作。

——商标有效运用能力不断增强。全国各级工商行政管理和市场监管部门积极推进商标战略实施，以提升商标运用能力为目标，切实加强商标工作指导和服务。一是扎实做好地理标志和农产品商标的注册审查工作，加强对地理标志和农产品商标注册保护工作的指导、宣传和培训，引导农户和涉农企业增强商标品牌意识。截至2014年底，累计注册农产品商标达168.9万件，累计注册和初步审定地理标志商标2697件，其中外国在我国注册和初步审定的地理标志商标达到81件。二是积极开展马德里商标国际注册宣传与培训工作，加大对国内企业进行商标国际注册的指导力度，大力支持国内企业商标海外维权。2014年，国内申请人提交马德里商标国际注册申请2140件（一标多类），位居马德里体系第七，累计达1.86万件；外国申请人指定我国的马德里商标国际注册申请2.03万件，继续位居马德里体系第一，累计达20.89万件。三是积极引导和支持企业运用商标权质权融资，全年共办理商标质权登记申请758件，质押商标

8721件，帮助企业融资519亿元，同比增长29%。四是深入开展“商标与经济发展关系”课题研究，着力提升商标理论研究的前瞻性、政策性和实用性。举办了知识产权前沿问题研究高级研修班，加强政策研究和数据综合分析，推动研究成果的转化和运用。

——商标公共服务水平不断提高。国家工商总局通过加强软硬件建设，严明工作纪律，规范工作流程，不断优化商标注册大厅、商标局驻中关村办事处窗口服务，提升商标对外咨询服务水平。2014年，商标注册大厅和商标局驻中关村办事处共受理各类申请17.5万余件，接待咨询8.8万余人次。切实加强中国商标网建设，按照新商标法要求，启用新版商标注册网上申请系统，及时更新商标注册申请指南。2014年商标注册网上申请达138.4万件，占同期申请总量的60.6%。全年共组织专人答复咨询电话9.45万次，同比增长41.63％，回复网站公众留言4184件，同比增长82.73％。

此外，商标代理管理、商标国际及与港澳台交流和合作、商标队伍建设等各项工作也取得新的进步，为推动商标事业改革发展提供了重要支持。

为全面反映2014年商标工作取得的新成绩，进一步普及商标法律知识，增强全社会商标意识，遵照国家工商总局局长张茅、副局长刘俊臣指示，商标局、商标评审委员会编撰了《中国商标战略年度发展报告（2014）》（以下简称《年度发展报告（2014）》）。

《年度发展报告（2014）》共13章，以“商标战略实施”开篇，系统记述2014年度各级工商和市场监管部门在商标申请和注册、商标行政执法、地理标志和农产品商标、商标评审、商标法治建设、商标代理、地方商标工作、国际注册与海外维权、国际及港澳台交流与合作、商标宣传、商标基础建设和信息化建设、商标队伍建设等方面取得的成就，汇总了商标领域发生的重大事件，并对各类商标数据进行了统计分析。

作为我国实施商标战略的重要参考文献和综合性年刊，《年度发展报告

（2014）》集权威性、资料性、实用性于一体。希望该书的出版能让社会各界对商标事业有更加深入的了解，更好地指导地方商标工作，引导企业树立商标意识和品牌价值理念，为推进品牌经济发展和全面深化改革作出积极贡献。

在本书的撰写过程中，国家工商总局办公厅、综合司和有关司局、直属单位及地方各级工商和市场监管部门给予了大力支持，在此谨表示衷心的感谢！

由于时间仓促、水平有限，本书难免有疏漏和缺憾之处，敬请广大读者不吝赐教，批评指正。

国家工商总局商标局　商标评审委员会

2015 年 3 月 19 日

目 录
CONTENTS

第一章　商标战略实施

2014 年，国家工商总局深入贯彻落实党的十八大和十八届三中、四中全会精神，按照中央经济工作会议的部署，适应经济发展新常态，深入推进商标战略，引导企业树立商标意识和品牌价值理念，大力推进品牌经济发展，不断提升商标注册、运用、保护和管理能力，为推进国家知识产权战略和创新驱动发展战略实施作出了积极贡献。

一、大力推进品牌经济发展，不断提高商标有效运用水平

（一）创新商标战略宣传方式，加大商标战略宣传力度

大力宣传党的十八大和十八届三中、四中全会关于实施知识产权战略、加强知识产权保护、实行依法治国的重大决策部署，充分利用“4·26”知识产权宣传周、5 月 1

▲ 2014 年 4 月 29 日，北京市召开贯彻落实新商标法，推动北京商标品牌发展大会。

▲ 2014 年 4 月 25 日，青岛市工商局举行以“商标走进百姓生活”为主题的推进全市商标战略实施系列专题活动暨商标进社区活动启动仪式。

日新商标法及《商标法实施条例》施行等时间节点，充分宣传商标战略实施工作进展成效。开展面向市场主体的商标管理经验交流和宣传培训，加强实施商标战略指导，发挥市场主体作用，引导企业正确注册商标、积极运用商标、主动保护商标，提升企业商标意识和品牌价值理念。

（二）营造市场竞争良好环境，继续推动企业创新发展

积极探索创新商标战略实施工作平台和载体，加强针对重点培育企业的商标保护和品牌指导工作，推广成熟经验，强化典型引导。认真贯彻落实支持小型微型企业和民营企业健康发展的有关部署，支持企业通过商标权质押拓展融资渠道，缓解企业融资困难；积极开展中小企业知识产权战略推进工程，加强宣传培训，普及商标知识，加大对侵犯知识产权和制售假冒伪劣行为的打击力度，保护企业创新积极性；参与研究出台支持钟表行业、汽车维修业、生产性服务业、科技服务业、体育产业、应急产业等多个行业的政策意见，提升行业商标战略实施水平。

二、贯彻落实《国家知识产权战略纲要》，服务经济社会发展大局

作为国家知识产权战略实施工作部际联席会议的重要成员单位，国家工商总局立足本职，服务大局，积极贯彻落实知识产权战略各项方针政策，推进知识产权战略全面深入实施。配合知识产权战略实施相关部门工作，参与《深入实施国家知识产权战略行动计划（2014—2020年）》、《2014年国家知识产权战略实施推进计划》起草工作；参与《2013年全国知识产权发展状况报告》编写工作；参与地方知识产权战略实施阶段性总结评价和《全国地方知识产权战略实施评价报告》的指导工作；参与战略性新兴产业知识产权工作、东北老工业基地知识产权工作、知识产权管理文件、知识产权服务业等课题研究。

三、深入开展课题研究，为品牌经济发展夯实理论基础

为贯彻落实国家创新驱动发展战略，深入推进商标战略实施，有效利用商标促进经济发展，国家工商总局深入开展“商标与经济发展关系”课题研究，全面摸清商标注册、运用和保护的现状，分析发现商标与经济发展的内在联系，提出建设性意见和建议。课题研究从商标的功能与作用、影响商标注册申请量的因素研究、商标运用与经济发展的典型研究与实证分析、商标保护与市场环境的实证研究、商标与创新关系的实证研究、地理标志与区域经济发展、商标密集型产业与经济发展等方面展开。

课题组对商标局历年政策进行了梳理，首次将商标数据和企业数据进行匹配研究分析，通过经济学、法学、统计学、管理学的跨学科研究，运用理论论述、数据分析、实证研究、案例研究、调查研究等方法对商标与经济发展的关系进行了深入的探讨。2015年2月5日，课题研究报告顺利通过了结题专家评审。

课题完成了预定研究目标，亮点频现。如运用大数据思路，对商标数据和企业数据进行了深入挖掘分析；对地理标志进行了全面细致的普查，摸清现状；运用数据模型对商标与经济发展、创新等的关系进行定量分析，论证出商标与经济发展具有正相关性，并得出了相关系数；较为科学地确定了我国的商标密集型产业，并研究了其特征和对经济的贡献。

课题研究成果表明，商标总量与经济总量具有强相关性，平均拥有注册商标量与地区经济发展水平高度相关，GDP 与商标申请量的相关系数为 0.9813，GDP 与商

标注册量的相关系数为 0.9209；商标申请量变动与经济的变化基本同步。GDP 变化 0.999 个百分点，商标申请量相应的变化 1 个百分点，二者之间的变动存在高度一致同步性。地理标志商标运用效果明显，注册前后价格平均提高了 50.11%；地理标志收入占到当地农民总收入的 65.94%，地理标志带动相关产业发展的产值带动比达到 1∶5.20，就业带动比达到 1∶3.34，已有 53.38% 的地理标志成为区域经济支柱产业。

第二章　商标申请和注册

2014 年，国家工商总局商标局创新机制，狠抓管理，深挖潜力，多措并举，积极应对商标注册申请持续快速增长以及新商标法规定审查时限带来的压力，切实做好商标申请受理和注册审查工作。

一、商标申请和注册基本情况

2014 年，商标注册申请量继续保持快速增长态势，商标局共受理商标注册申请 228.54 万件，首次突破 200 万件大关，同比增长 21.47%，再创历史新高，连续 13 年位居世界第一。

2014 年，商标注册网上申请达 138.4 万件，占同期申请总量的 60.56%。截至 2014 年底，我国累计商标注册申请量 1552.67 万件，累计商标注册量 1002.75 万件，商标有效注册量 839 万件，继续保持世界第一。

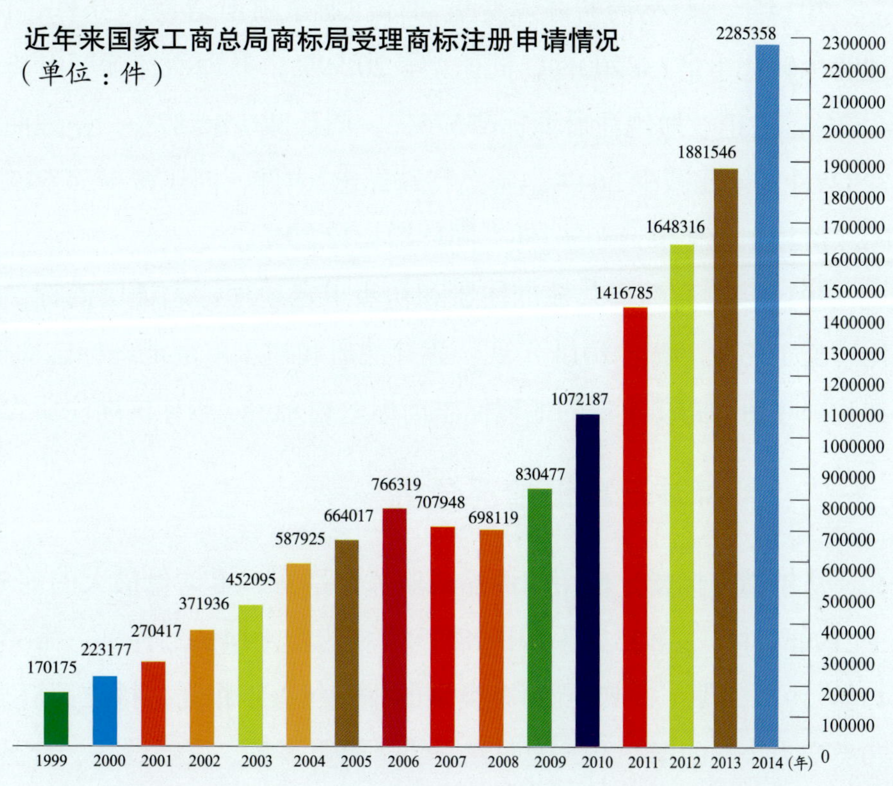

2014年，商标局受理商标异议申请43398件，同比增加25.19%；受理商标续展注册申请139134件，同比增长16.6%；受理变更

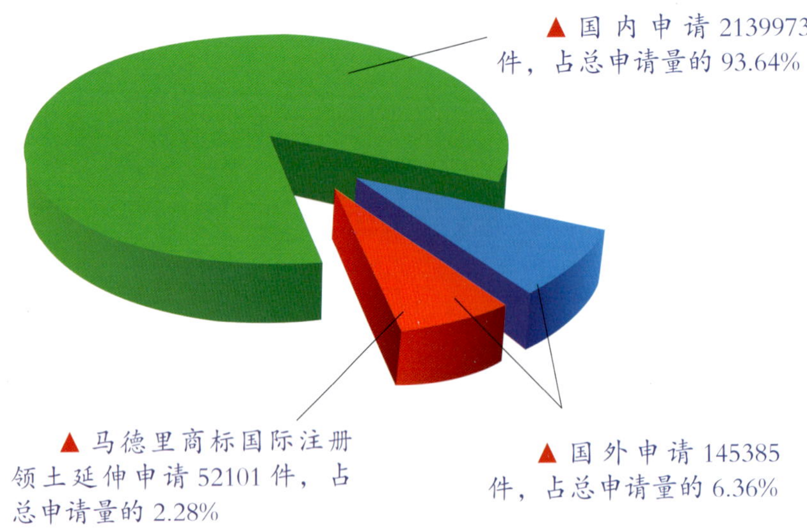

商标注册事项申请172380件，同比减少2.74%；受理商标转让申请119908件，同比增长5.77%；受理商标注销、撤销申请30233件，同比增长41.18%；受理商标使用许可合同备案申请23128件，同比减少21.43%；受理马德里商标国际注册领土延伸申请52101件，同比减少1.71%。

2014年，商标局共审查商标注册申请242.64万件，同比增长70.32%，实现了商标注册申请量和审查量双双突破200万件大关，商标注册申请平均审查周期缩短至9个月，确保了法定审查时限；核准注册商标1375104件，同比增长37.96%；初步审定公告商标1546962件，同比增长65.14%；驳回商标注册申请480550件，同比增长83.29%；部分驳回商标注册申请398871件，同比增长76.69%。

2014年，商标局共办理变更商标注册事项申请150736件，同比减少17.17%；办理商标转让申请138200件，同比增长20.59%；办理商标续展申请116760件，同比减少4.83%；注销、撤销注册商标65575件，同比减少46.87%；办理商标使用许可合同备案32325件，同比减少7.64%；备案特殊标志264件，同比减少54.64%；审查马德里商标国际注册领土延伸申请50562件，同比增长18.29%。

2014 年，商标局共核准注册和初步审定地理标志证明商标、集体商标 507 件，同比增长 16.3%。截至 2014 年底，累计注册和初步审定地理标志商标 2697 件，其中外国在我国注册和初步审定的地理标志商标达到 81 件，累计核准注册农产品商标 168.9 万件。

二、商标注册申请情况分析

从申请商标指定使用的商品或服务类别看，申请量最大的前5个类别依次为第25类（219967件）、第35类（191928件）、第9类（141023件）、第30类（124528件）、第43类（91754件），其中前4个类别的排位与去年相同，排在第5位的类别则由去年的第29类变为今年的第43类，表明除服装、商业服务、仪器设备、食品外，餐饮住宿也成为我国商标申请比较集中的领域。

外国申请人来华申请商标注册（包括马德里商标国际注册领土延伸申请）指定使用的商品或服务类别中，申请量最大的前5个类别与去年相同，依次为第9类（13664件）、第35类（9438件）、第25类（9163件）、第3类（7404件）、第5类（6509件），表明仪器设备、商业服务、服装、化妆品及洗涤用品、药品依然是外国来华申请比较集中的类别。

国内申请量排名前5位的省（市）依次为广东省（406393件）、浙江省（196993件）、北京市（191152件）、上海市（137615件）、江苏省（122817件）。这5个省市的申请量之和占国内总申请量的一半以上，达50.81%。申请量超过4万件的省（市）还有山东省、福建省、香港特别行政区、四川省、河南省、河北省、湖南省、安徽省、湖北省、重庆市，与去年相比省（市）数量不变。

申请量同比涨幅居前的5个省（市）依次为澳门特别行政区（同比增长93.56%）、台湾省（同比增长49.09%）、北京市（同比增长43.17%）、海南省（同比增长40.7%）、西藏自治区（同比增长38.6%）。

西部12省份商标申请量达282957件，同比增长9.73%。

国内有效注册量排名前5位的省（市）依次为广东省（1314188件）、浙江省（965127件）、北京市（545713件）、江苏省（516356件）、上海市（431987件）。

国际注册申请量排名前5位的省（市）分别是山东省（820件）、广东省（598件）、浙江省（322件）、江苏省（244件）、福建省（147件）。

外国来华申请量（包括马德里商标国际注册领土延伸申请）排名前10位的国家或地区分别是美国（29811件）、日本（14054件）、德国（12831件）、韩国（9972件）、法国（9870件）、英国（9634件）、意大利（6797件）、瑞士（5775件）、英属维尔京群岛（4280件）、澳大利亚（3756件），这10个国家或地区的申请量之和占外国在华申请总数的73.45%。（相关数据详见商标数据统计）

三、提升商标注册效能，商标注册审查工作取得新突破

自2008年以来，我国商标注册申请量始终保持高速增长态势。2014年，我国商标注册申请量首次突破200万件大关，加上新商标法规定了商标审查9个月的严格审限，商标审查工作面临前所未有的挑战。

在总局党组的重视和支持下，商标局以贯彻新商标法为契机，认真落实《工商总

▲2014 年 3 月 17 日，商标局开展同日申请抽签活动。

局关于完善商标审查机制、提高审查工作效率的意见》，改革商标注册审查机制，克服工作任务繁重、人员数量有限、审查难度不断加大、业务系统升级带来的困难，深入动员，统一思想，在坚持完善一审一核的商标审查工作机制，保证商标审查质量的基础上，采取调整充实审查力量、强化任务定额管理等措施，加班加点，攻坚克难，不断提高审查速度。从 2014 年 8 月三期系统上线运行至年底仅 5 个月时间，共审查商标注册申请 166 万件，提前 1 个月将平均审查周期缩短到 9 个月，为推进实现商标注册便利化打下坚实基础。

针对新商标法对审查工作的新要求，不断加强商标审查标准研究和制度建设。按照一标多类的要求修订了审查文书；建立了审查意见书制度；完善了新增药品等零售业服务商标受理及审查办法、声音商标受理及审查办法；完善了同日申请制度等，确保了审查工作高效、依法、有序开展。

四、做好商标申请受理工作，公共服务水平不断提升

国家工商总局商标局着力构建转变作风长效机制，严格依法行政、热情服务。一是以落实“四难”问题专项整治、优化窗口服务为抓手，全面开展自查自纠，不断提高服务意识，加强软硬件建设，健全工作规范，严明工作纪律，商标注册大厅、驻中关村办事处窗口整体服务质量明显提高。2014年，商标注册大厅共受理各类申请12.1万余件，接待咨询8.8万余人次；商标局驻中关村办事处共受理各类商标申请5.4万件。二是根据新商标法的规定，及时调整优化了商标注册申请受理、异议形审等审查流程，修订了申请及发文书式，及时对外公布调整情况，耐心细致地做好讲解指导和解释说明工作。三是制定实施《商标注册网上申请暂行规定》，按时启用新版商标注册网上申请系统，商标注册网上申请继续保持同期申请总量的六成以上。

第三章 商标行政执法

2014 年，全国工商行政管理和市场监管部门按照国务院和国家工商总局统一部署，在新一轮地方政府市场监管机构改革和职能转变的新形势下，在扎实推进商事制度改革的过程中，坚持宽进严管相结合，加强事中事后监管，充分发挥工商部门市场监管主力军作用，突出工作重点，加大案件查处力度，不断加强长效机制建设，持续保持打击商标侵权假冒违法行为的高压态势，取得显著成效。

一、商标专用权行政保护工作全面有序推进

（一）持续保持打击商标侵权行为高压态势，查处了一批商标侵权大案要案

2014 年，国家工商总局商标局根据各地上报的案件线索，加强对地方商标行政执法工作的指导，先后对各地反映侵权较为普遍和严重的“维多利亚的秘密”、“金城”、“松板”、“赣南脐橙”等商标侵权案件进行专项部署，督促地方工商和市场监管部门进行查处。各地工商和市场监管部门密切结合本地实际，针对市场上跨区域、大规模、社会公众反映强烈的商标侵权案件，持续保持高压态势，加大打击力度。加强区域、部门协作，查办了一批大案要案。江苏省无锡市工商局查获假冒“LOUIS VUITTON”（路易威登）、“GUCCI”

▲ 国家工商总局局长张茅（左二）在广西壮族自治区副主席蓝天立（右一）的陪同下参观百色市工商局打击假冒伪劣商品成果展示厅。

▲ 浙江省工商干部开展执法检查现场。

（古奇）、“CHANEL”（夏奈尔）、“DIOR”（迪奥）等16个世界知名品牌的服饰1024件，查获侵犯“欧普”注册商标专用权集成吊顶金属扣板82200片、假冒“欧普”灯211台、假冒“欧普”灯管630个、假冒“欧普”整流器800个。湖南长沙市工商局联合名酒生产厂家和省洋酒协会，对超市、名烟名酒店进行地毯式检查，查扣一批假冒“五粮液”、“茅台”等名酒，共计货值20余万元。江西省赣州市章贡区工商局查处销售侵犯“LOUIS VUITTON”（路易威登）、“HERMÈS”（爱马仕）、“BURBERRY”（巴宝莉）、“COACH”（蔻驰）、“BOTTEGA VENETA”（葆蝶家）、“GUCCI”（古奇）等注册商标专用权商品案，涉案金额57万元，没收销毁侵权商品，并处罚款40万元。

（二）切实加强青奥知识产权保护工作，为南京青奥会的顺利举办营造良好的知识产权环境

为做好青奥会标志保护工作，国家工商总局下发《保护第二届夏季青年奥林匹克运动会标志专项行动方案》，指导各地开展保护青奥会标志专项行动。商标局开通青奥会商标、特殊标志申请注册和备案绿色通道，共登记备案南京青奥会特殊标志264件，覆盖全部45个商品和服务类别。江苏省工商局下发《关于开展南京青奥会标志保护工作的实施意见》，南京市工商局开展迎青奥知识产权保护百日专项整治行动，建立专项执法维权人员队伍

▲ 中纪委驻国家工商总局纪检组组长何昕视察南京青奥会工作。

和应急执法突击队，共查处侵犯青奥知识产权案件365件，罚款34.9万元，撤除侵权广告牌3千余块，有力地净化了市场环境。南京青奥会知识产权保护工作受到国际奥委会官员的高度评价、充分肯定。

（三）积极加强与相关部门的衔接配合，全面做好“两法衔接”案件移送工作

▲ 2014年3月22日，山东省威海市工商局联合威海市公安局举行“为民打假赶大集”活动。

各地工商和市场监管部门在商标执法中积极与公安、工信等部门协作，联合行动，取得了良好效果。江苏南通启东工商局查获一起网络销售侵犯“大嘴猴”注册商标案，现场扣押涉嫌侵权服装191件，执法人员同时还从支付宝（中国）网络技术有限公司风险管理部提供的交易查询记录中获悉当事人侵权服装销售总成交额达155万元，目前该案已移送公安机关。四川省工商局、乐山市工商局与成都市公安局经侦处组成三个行动小组分别对当事人的注册地和销售地同时进行突击检查，查获大量涉嫌销售侵犯“哈哥”驰名商标的牛肉干，涉案金额20万余元。

（四）大力加强商标执法人员培训工作，为地方商标执法人员培训提供支持

▲ 2014年6月，重庆市工商系统召开商标监管与发展培训会。

为确保商标执法人员熟练掌握新商标法及实施条例的修改内容，在案件办理中正确适用法律，国家工商总局商标局于5月在深圳行政学院举办新《商标法实施条例》暨第二届夏季青年奥林匹克运动会标志保护培训班，对各省（区、市）商标管理机构负责人、商标局各处处长以及南京工商系统有关人员共130多人进行了执法培训。商标局还积极支持地方工商和市场监管部门开展新商标法培训工作，共派出业务骨干授课50余人次，覆盖江苏、湖北、广东、四川、新疆、西藏、山西、内蒙古等全国大部分省、自治区、直辖市。

二、全国工商行政管理和市场监管部门查处商标违法案件数据分析

2014年，全国各级工商和市场监管部门共查处一般违法案件5231件，其中投诉案件数为856件，占总数的16.36%；查处商标侵权假冒案件37219件，其中投诉案件为11477件，占总数的30.83%。

2014年查处的商标一般违法案件中，涉外案件为208件，占商标一般违法案件总数的3.97%；查处的商标侵权假冒案件中，涉外案件为9636件，占商标侵权假冒案件总数的25.89%。

查处商标一般违法行为案件数量居前10位的省（市）是：湖北718件、广东452件、河南431件、浙江346件、福建317件、四川313件、安徽306件、陕西282件、山东209件、云南206件，以上10个省（市）查处的商标一般违法案件共计3580件，占侵权假冒商标案件总数的68.43%。

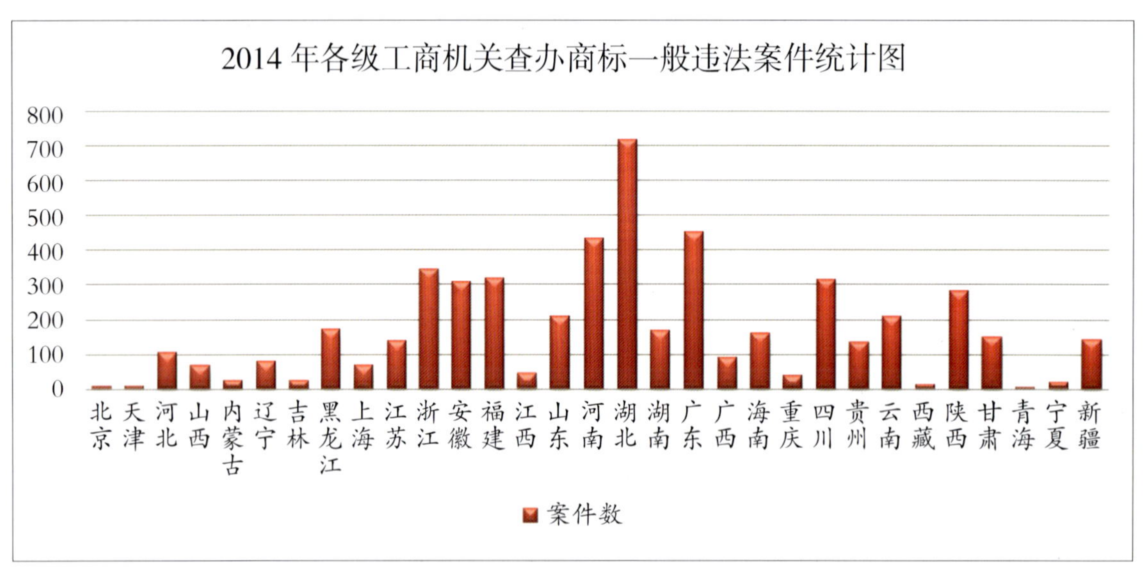

查处侵权假冒案件数量居前10位的省（市）是：广东5719件、浙江4901件、湖北2627件、江苏2617件、河南2512件、福建2439件、上海2171件、安徽1712件、广西1339件、四川1281件，以上10个省（市）查处的商标侵权假冒案件共计27318件，占侵权假冒商标案件总数的73.39%。

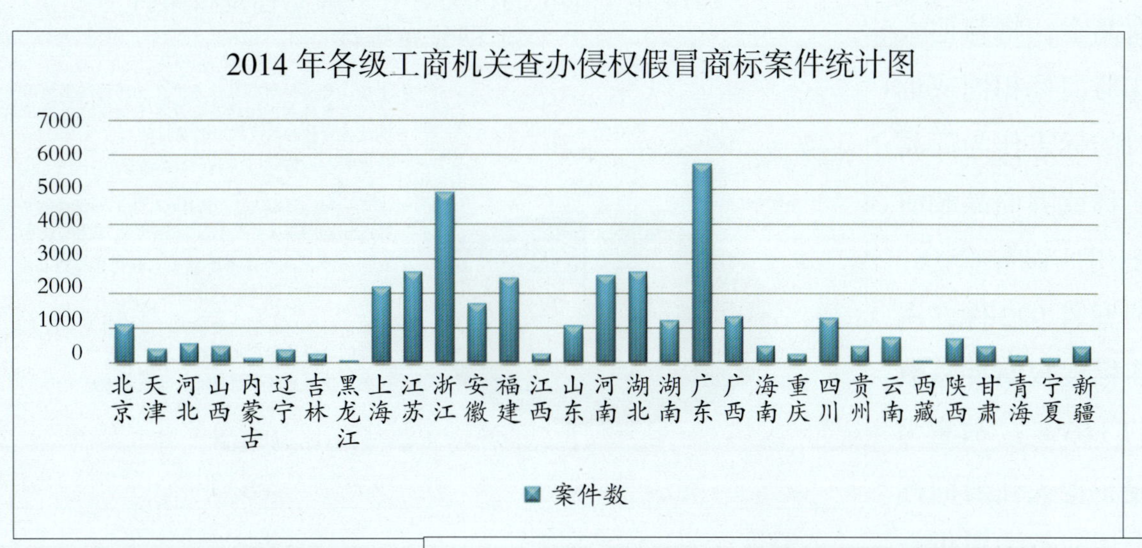

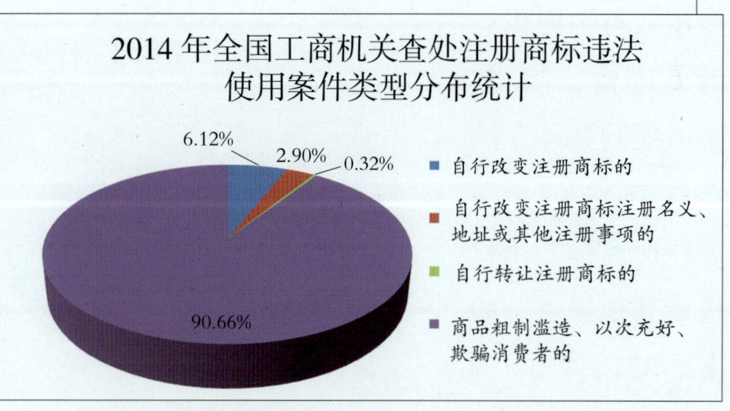

从注册商标使用违法案件看，查处“商品粗制滥造、以次充好、欺骗消费者”的案件845件，占注册商标使用管理案件的90.66%，为主要注册商标违法行为类型；查处“自行改变注册商标”案件57件，占注册商标使用违法行为的6.12%。

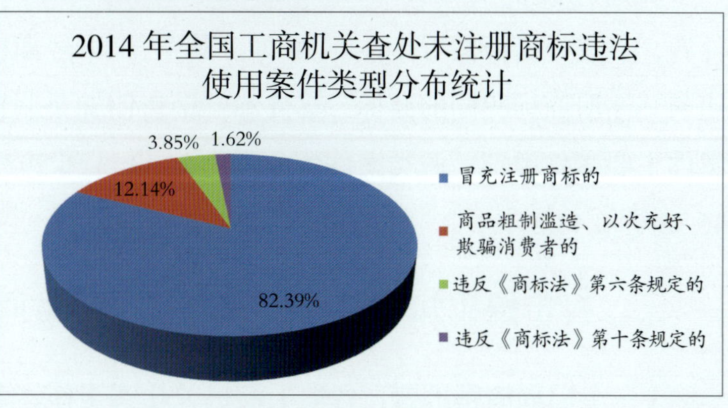

从未注册商标使用违法案件看，查处的案件仍然以“冒充注册商标”为主。共查处“冒充注册商标”案件2844件，占未注册商标使用违法行为的82.39%。

从一般商标侵权案件看，“销售侵犯注册商标专用权的商品”案件仍是主要商标侵权案件类型，共查处该类型案件23027件，占一般商标侵权案件总数的75.59%；“未经商标注册人许可，在相同商品上使用与其注册商标相近似的商标或在类似商品上使用与其注册商标相同或近似的商标”案件5266件，占商标侵权案件总数的17.29%；“在同一种商品或类似商品上，将与他人注册商标相同或近似的标志作为商品名称或者商品装潢使用，误导公众”的案件922件，占商标侵权案件总数的3.03%；“故意为侵犯他人注册商标专用权行为提供仓储、运输、邮寄、隐匿便利条件”的案件75件；“给他人注册商标专用权造成其他损害”的案件321件。

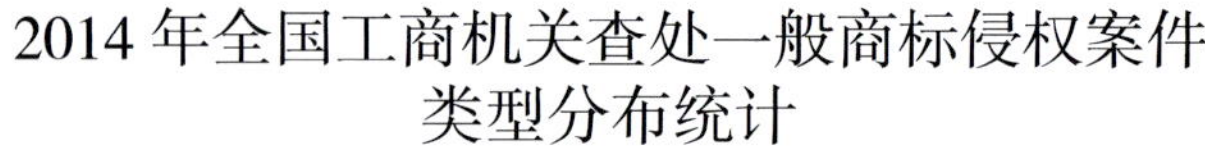

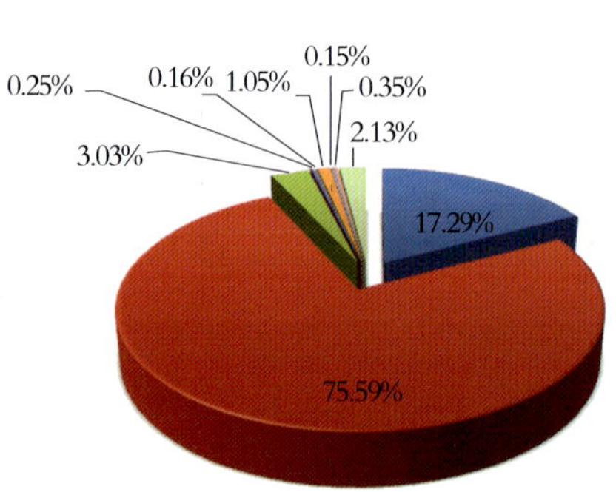

2014年全国工商机关查处一般商标假冒案件
类型分布统计

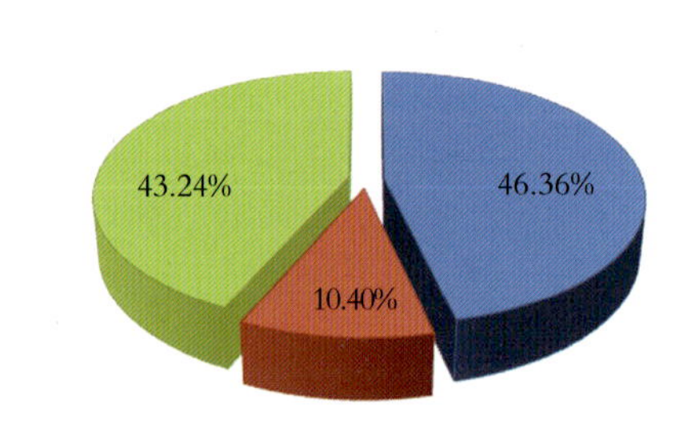

从商标假冒案件看，共查处商标假冒案件6758件。其中，“未经商标注册人许可，在同一种商品上使用与其注册商标相同的商标”案件和“销售明知是假冒注册商标商品”案件是商标假冒案件主要案件类型，两类案件数分别为3133件和2922件，分别占假冒商标案件总数的46.36%和43.24%。

三、打击侵犯知识产权和制售假冒伪劣商品工作成效显著

（一）总局周密部署，各地工商机关扎实工作，全国工商系统打击侵权假冒工作有序推进

为贯彻落实国务院打击侵权假冒工作领导小组各项工作部署，国家工商总局打击侵权假冒工作领导小组先后三次召开全体会议，研究部署工商和市场监管部门打击侵权假冒相关工作。先后下发了《关于印发〈2014年全国工商系统打击侵犯知识产权和制售假冒伪劣商品工作要点〉和〈2014年上半年全国工商系统打击侵犯知识产权和制售假

冒伪劣商品重点工作安排〉的通知》、《2014年下一阶段全国工商系统打击侵犯知识产权和制售假冒伪劣商品重点工作安排》、《工商总局关于开展农村和城乡结合部市场假冒伪劣专项整治行动的通知》等文件，对全国工商和市场监管部门打击侵权假冒工作进行部署。各地工商和市场监管部门积极贯彻落实工作部署，扎实推进各项工作任务，严厉打击侵权假冒行为，维护公平竞争的市场秩序，营造安全放心的消费环境。

▲2014年12月16日，沈阳工商部门在曹仲垃圾处理厂销毁假冒伪劣商品。

截至2014年底，全国工商和市场监管部门共查处侵权假冒案件6.75万件，办结案件5.94万件，案值9.98亿元。捣毁制假售假窝点1007个，依法向司法机关移送涉嫌犯罪案件355件，涉案金额4.8亿元。

（二）重点打击恶意抢注商标行为，维护公平有序的商标注册秩序

国家工商总局重点打击恶意抢注商标行为，对涉嫌恶意抢注的案件开通快速审理通道，及时依法予以驳回、不予核准注册或予以撤销。商标局、商标评审委员会全年共处理涉及非法占有他人未注册商标、攀附他人已注册商标商誉的案件和恶意独占公共资源、大量或多次抢注他人商标等扰乱商标注册管理秩序的案件共2900多件，较去年同期有大幅增长。

（三）加大违法网络交易行为整治力度，严厉打击重点领域网络交易违法行为

国家工商总局认真部署开展以打击网络销售农资、电子产品、儿童用品等为重点的网络打假专项行动，全系统共删除违法商品信息3.6万条，责令整改网站1.4万个，关闭问题网站2201个，查处违法案件7746起，罚没款1.13亿元，集中整治规范了网络市场经营秩序。针对“双十一”等网络集中促销活动，国家工商总局召开了国内主要电商网站参加的行政指导约谈会，并组织对上述B2C类电商平台及其商家“双十一”当

天所售商品进行了抽检，部署相关地方局依法查处。通过新闻媒体公布 20 余件典型违法案例，震慑了网络交易违法经营者。会同工信部联合印发了《关于加强境内网络交易网站监管工作协作，积极促进电子商务发展的意见》，增强了监管合力。

（四）积极开展“红盾护农”行动，严厉查处销售假冒伪劣农资坑农害农行为

国家工商总局积极部署开展“红盾护农”行动，于年初印发《关于开展 2014 年红盾护农行动的通知》，与有关部门联合印发了《关于做好 2014 年春耕化肥供应工作的通知》、《2014 年全国农资打假和市场监管工作要点》等，参加了全国农资打假电视电话会议，继续部署全国工商机关严厉查处销售假劣农资坑农害农违法行为。各级工商和市场监管部门按照工商总局要求，围绕突出重点工作、突出监管方式创新、突出责任落实、突出长效机制、突出部门配合，实行监管关口前移，推行监管重心下移，严厉查处销售假冒伪劣农资坑农害农行为，有力保障了春耕生产顺利进行。

（五）积极推进依法公开打击侵权假冒行政处罚案件信息工作

按照国务院和全国双打办要求，国家工商总局及时制定下发《工商总局关于依法公开制售假冒伪劣商品和侵犯知识产权行政处罚案件信息的意见（试行）》，指导各地工商和市场监管部门认真做好依法公开销售假冒伪劣商品和侵犯知识产权行政处罚案件信息工作，强化执法监督，促进严格规范公正文明执法。目前已公开的行政处罚案件信息为 4811 件。

（六）积极推进长效机制建设

国家工商总局着力加快打击侵权假冒工作信息共享平台的研究开发，该平台建成后，拟实现总局全国范围内各级工商机关打击侵权假冒工作案件办理的统计分析、统一指挥、督办和协办功能，进一步增强全系统打击侵权假冒工作的协同性和统一性。

第四章　地理标志和农产品商标

2014年，全国各级工商行政管理和市场监管部门将以地理标志和农产品商标工作为核心内容的“商标富农”工作机制作为解决“三农”问题、促进社会主义新农村建设的有力切入点，在促进农村发展、增加农民收入、加快农业产业化经营方面取得显著成果。

一、积极应对审查系统升级，确保地理标志和农产品商标注册工作顺利进行

2014年，国家工商总局商标局在确保审查质量的同时，通过积极提高审查效率和加班加点，确保地理标志和农产品商标确权工作的顺利进行。全年注册和初步审定地理标志证明商标、集体商标507件，比2013年（436件）增长16.3%。截至2014年底，累计注册和初步审定地理标志证明商标、集体商标2697件，比2013年（2190件）增长23.2%，是加快商标注册审查之前2007年（301件）的近9倍。其中地理标志注册和初步审定量排名前6位的省（市）分别是:山东（395件)、福建（253件)、湖北（203件)、重庆（193件)、浙江（179件)、江苏（172件)。外国在我国注册和初步审定的地理标志商标达到81件，比2013年（46件）增长76.1%。农产品商标累计注册量达168.9万件。

二、加大宣传力度，继续致力于提高社会公众对地理标志的认知度

2014年，国家工商总局商标局继续与中国新闻社、《当代中国》杂志社、《工商行政管理》半月刊、《中国工商报》、《中国消费者报》等媒体合作，不断拓展报道形式、加大报道深度、丰富报道载体，重点宣传了工商、市场监管部门在积极培育、扶持地理标志工作中取得的经验和成效。相关媒体累计刊发地理标志专题文章100余篇，确保了持续、稳定的地理标志宣传效果。全国“两会”期间，与《中国政协》杂志社首

次合作，编辑出版了《中国政协·地理标志》专刊，并发放到全国政协委员驻地、“两会”新闻中心和北京人大代表团驻地，受到广泛好评。商标局作为支持单位，成功举办了第三届全国地理标志商标摄影大赛。大赛评出获奖作品共20幅，充分反映了我国地理标志商标发展成果和地理标志产业欣欣向荣的景象，促使全社会更加关注和支持地理标志商标发展与保护工作。

三、加强培训指导，努力提高各地注册、运用、保护地理标志的能力

国家工商总局商标局重视加强对各地地理标志工作的培训指导，多次派出业务骨干赴河南、新疆、浙江、河北、西藏等地和非洲英语/法语国家知识产权保护官员研修班授课、调研。对各地申报地理标志工作提出具体指导意见，并就如何运用地理标志和农产品商标保护特色农产品、促进特色农业发展、带动地方农业产业结构调整、促进农民增收增效等进行培训，推广成功经验，进一步提高地方党委政府、工商和市场监管部门对运用地理标志推动“三农”经济发展重要作用的认识。

各地通过注册地理标志和农产品商标，对农产品实施品牌化管理战略，逐步形成了地域主导品牌和农业产业集群，提高了农产品质量安全水平、农产品附加值以及农产品在国内外市场的竞争力，从而有效增加了农民收入、促进了农村经济发展。在全国地理标志产品产区，已经普遍形成了以地理标志或农产品商标为纽带的“公司（涉农组织）+地理标志/农产品商标+农户+基地”的产业模式。这种新型产业化经营模式，以地理标志或农产品商标作为纽带，提高了农民进入市场的组织化程

▲ 2014年4月23日，四川省工商局组织召开全省地理标志商标运用管理和保护工作业务培训会。

▲ 2014 年 8 月，黑龙江省黑河市孙吴县工商局工作人员到沙棘种植区进行调研。

度，形成了以地理标志产品和农产品生产为核心，生产、加工、物流等一条龙的完整产业链。如新疆维吾尔自治区若羌县充分发挥龙头企业的作用，推广订单农业，建设标准化示范基地，全县“若羌红枣”种植面积超过 20 万亩，在地理标志产业的强势拉动下，该县农牧民人均纯收入从 2001 年的 2216 元增加到 2014 年的 2.65 万元，连续 6 年位居西部十二省区市首位。

四、协调相关部委，努力推进地理标志联合认定和商标富农工作的开展

2014 年，国家工商总局商标局积极联络农业、贸易、质量和知识产权等主管部门，协调发挥各自职能作用，努力形成合力，推动建立地理标志工作部际联席协调机制，深入开展商标富农工作。

按照中央编办《关于完善地理标志保护管理体制机制的意见》（中央编办发〔2011〕26 号）精神，根据与农业部和质检总局的协商意见，再次修改完善了《地理标志部际联席会议制度》（草案）和《地理标志注册联合认定和保护办法》（草案）。召开了地理标志协调工作通气会，听取农业部、商务部和质检总局相关司局对《地理标志部际联席会议制度》（草案）、建立联合认定机制下一步工作设想以及联合认定机制具体实现方式的意见，为推动建立地理标志工作部际联席协调机制作出了积极努力。此外，还牵头召集农业部、国家知识产权局相关司局召开专题会议，研究讨论深入实施商标富农工程、强化地理标志和农产品商标保护有关工作，多次征求农业部和国家知识产权局相关司局意见，研究制定《关于深入实施商标富农工程　强化农产品地理标志和商标保护的工作方案》，把贯彻落实中央一号文件精神落到实处。

2014年度已注册和初步审定地理标志商标名录

序号	省地	商标名称	注册人	注册号	商品
1	天津	州河鲤鱼	天津市蓟县水产技术推广站	10680222	活鱼
2		大黄堡河蟹	天津市武清区大黄堡水产养殖协会	13938193	螃蟹
3		大黄堡虾	天津市武清区大黄堡水产养殖协会	13938194	虾（活的）
4		大黄堡鲢鱼	天津市武清区大黄堡水产养殖协会	13938195	活鱼
5		大黄堡草鱼	天津市武清区大黄堡水产养殖协会	13938196	活鱼
6		大黄堡鲫鱼	天津市武清区大黄堡水产养殖协会	13938197	活鱼
7		大黄堡鲤鱼	天津市武清区大黄堡水产养殖协会	13938198	活鱼
8		西马房打瓜	天津市武清区东马圈镇打瓜协会	13938200	西瓜
9		田水铺青萝卜	天津市武清区大良镇田水铺青萝卜协会	13938201	萝卜
10	河北	涞水麻核桃	涞水县惠农麻核桃协会	11100543	麻核桃(工艺品)等
11		涞源小米	涞源县优质杂粮行业协会	11823540	小米
12		围场马铃薯	围场满族蒙古族自治县马铃薯产业协会	12701364	马铃薯（新鲜蔬菜）
13	山西	芮城苹果	芮城县果业发展中心	10903407	苹果
14		闻喜花馍	闻喜县花馍协会	11309108	馒头
15		闻喜宰相花馍	闻喜县花馍协会	11309109	馒头
16		应县陶瓷	应县陶瓷行业协会	12923979	家庭用陶瓷制品
17		上党连翘	屯留县民康中药材专业技术协会	11619830	连翘（中药材）
18		潞州黄芩	屯留县民康中药材专业技术协会	11619831	黄芩（中药材）
19		上党党参	屯留县民康中药材专业技术协会	11619832	党参（中药材）
20		襄垣手工挂面	襄垣县手工挂面协会	14305806	挂面
21	内蒙古	库伦荞麦	库伦旗农业技术推广中心	12667229	荞麦(加工过的)
22		通辽牛肉干	通辽市牛肉干美食行业商会	13564280	牛肉干
23		卓资熏鸡	卓资县熏鸡协会	14661864	熏鸡
24		丰镇月饼	丰镇市月饼行业协会	14620924	月饼
25		翁牛特牛肉	翁牛特旗牛肉协会	13483528	牛肉
26		翁牛特大米	翁牛特旗米业协会	13483529	大米

（续上表）

序号	省地	商标名称	注册人	注册号	商品
27	内蒙古	翁牛特羊肉	翁牛特旗羊肉协会	13483530	羊肉
28		巴林左旗笤帚	巴林左旗十三敖包笤帚苗产业协会	14541078	笤帚
29		巴林左旗笤帚	巴林左旗十三敖包笤帚苗产业协会	14541079	笤帚苗（干草）
30		杭锦旗甘草	杭锦旗梁外甘草协会	13867873	甘草（药用甘草茎）
31		兴安盟大米	兴安盟大兴农业科技研究所	13322303	米
32	辽宁	建昌花梨	建昌花梨种植专业协会	11822636	梨
33		高桥小菜	葫芦岛市特产协会	12109270	虾油腌渍的小咸菜
34		凤城蚕蛹	凤城市蚕业协会	11946981	蚕蛹（活的）
35		营口对虾	营口市渔业协会	12354949	虾（活的）
36		营口柞蚕	营口市林业产业协会	12189680	蚕
37		桓仁贝母	桓仁满族自治县中药材种植协会	14568448	贝母（中药材）
38		桓仁天麻	桓仁满族自治县中药材种植协会	14568449	天麻（中药材）
39		桓仁冰酒	桓仁满族自治县中药材种植协会	14568450	葡萄酒
40		连山关刺五加	本溪满族自治县连山关镇刺五加种植协会	11571487	刺五加（中药材）
41		清原龙胆	清原满族自治县英额门镇中药材协会	11752810	龙胆（中药材）
42		抚顺单片黑木耳	抚顺县食用菌协会	11767272	黑木耳
43		辽阳大米	辽阳市农副产品协会	12206894	大米
44		辽阳山里红	辽阳市农副产品协会	12206895	山楂
45		喀左紫砂	喀左县紫砂行业协会	11624402	紫砂饮用器皿等
46	吉林	洮南辣椒	洮南市金塔辣椒产业协会	10410228	辣椒（干蔬菜）
47		洮南辣椒	洮南市金塔辣椒产业协会	11076573	辣椒（新鲜蔬菜）
48		辉南大米	辉南县农村专业技术协会	12248362	米
49		黄松甸黑木耳	蛟河市黄松甸食（药）用菌协会	12876265	黑木耳
50		东山白蜜	吉林市蜂业协会	13396437	蜂蜜
51		公主岭大米	公主岭市粮食行业协会	13815051	大米
52	黑龙江	兰西民猪	兰西县东北民猪产业协会	9916476	猪肉

（续上表）

序号	省地	商标名称	注册人	注册号	商品
53	黑龙江	讷河玉米	讷河市农业技术推广中心	13505525	玉米
54		讷河玉米	讷河市农业技术推广中心	13505526	玉米（磨过的）等
55		讷河水稻	讷河市农业技术推广中心	13505527	未加工的稻
56		讷河大米	讷河市农业技术推广中心	13505528	米（大米）
57		虎林椴树蜜	虎林市蜂业协会	13745707	蜂蜜
58		友好蓝莓	友好区蓝莓协会	14098150	新鲜蓝莓
59		友好蓝莓	友好区蓝莓协会	14098149	蓝莓酱等
60	江苏	八卦洲芦蒿	南京市栖霞区八卦洲野菜经纪人协会	13138282	芦蒿(新鲜蔬菜)
61		洋马菊花	射阳县菊花研究会	11619176	药用菊花
62		九龙口大闸蟹	建湖县九龙口大闸蟹协会	13132651	螃蟹（活的）
63		东台陈皮酒	东台市陈皮酒经销商协会	13538719	黄酒
64		响水浅水藕	响水县浅水藕产业协会	13208667	浅水藕
65		恒北早酥梨	大丰市麋鹿早酥梨专业经济协会	12914510	梨
66		龙冈茌梨	盐城市果树良种场	12980694	梨
67		盱眙龙虾	江苏省盱眙龙虾协会	12584774	龙虾（非活）
68		淮阴红薯粉丝	淮安市淮阴区畜禽产业协会	13283845	粉丝
69		淮阴红薯粉丝	淮安市淮阴区畜禽产业协会	13283852	粉丝
70		淮阴红薯粉丝	淮安市淮阴区畜禽产业协会	13283853	粉丝
71		淮阴红薯粉丝	淮安市淮阴区畜禽产业协会	13283864	粉丝
72		淮阴黄鸡	淮安市淮阴区畜禽产业协会	13283846	鸡（非活）
73		淮阴黄鸡	淮安市淮阴区畜禽产业协会	13283847	鸡（非活）
74		淮阴黄鸡	淮安市淮阴区畜禽产业协会	13283848	鸡（非活）
75		淮阴黄鸡	淮安市淮阴区畜禽产业协会	13283851	活鸡
76		淮阴黄鸡蛋	淮安市淮阴区畜禽产业协会	13283854	鸡蛋
77		淮阴黄鸡	淮安市淮阴区畜禽产业协会	13283859	活鸡
78		淮阴西瓜	淮安市淮阴区畜禽产业协会	13283850	西瓜
79		淮阴西瓜	淮安市淮阴区畜禽产业协会	13283862	西瓜

（续上表）

序号	省地	商标名称	注册人	注册号	商品
80	江苏	淮阴西瓜	淮安市淮阴区畜禽产业协会	13283863	西瓜
81		淮阴黄瓜	淮安市淮阴区畜禽产业协会	13283855	新鲜黄瓜
82		淮阴黄瓜	淮安市淮阴区畜禽产业协会	13283856	腌制黄瓜
83		淮阴黄瓜	淮安市淮阴区畜禽产业协会	13283857	腌制黄瓜
84		淮阴黄瓜	淮安市淮阴区畜禽产业协会	13283858	新鲜黄瓜
85		淮阴大白菜	淮安市淮阴区畜禽产业协会	13283849	腌制大白菜
86		淮阴大白菜	淮安市淮阴区畜禽产业协会	13283860	新鲜大白菜
87		淮阴大白菜	淮安市淮阴区畜禽产业协会	13283861	新鲜大白菜
88		涟水荷藕	涟水县农副产品营销协会	13731257	新鲜荷藕
89		涟水荷藕	涟水县农副产品营销协会	13731258	加工过的荷藕
90		涟水萝卜干	涟水县农副产品营销协会	13731260	萝卜干
91		涟水萝卜干	涟水县农副产品营销协会	13731259	萝卜干
92		高邮湖大闸蟹	高邮市高邮湖大闸蟹行业协会	13986868	螃蟹（活的）
93		高邮湖大闸蟹	高邮市高邮湖大闸蟹行业协会	13986869	螃蟹（活的）
94		泾河西瓜	宝应县泾河镇西瓜协会	11945768	西瓜
95		界首茶干	高邮市界首茶干协会	11938605	茶干（豆腐制品）
96		沙头绿壳鸡蛋	扬州市广陵区蔬菜产业协会	11921201	鸡蛋
97		泰兴香荷芋	泰兴市泰兴香荷芋协会	13497749	新鲜芋头
98		兴化鱼圆	兴化市鱼圆行业协会	8488922	鱼圆
99		扬中秧草	南方秧草协会	11850101	秧草
100		扬中江蟹	扬中市渔业协会	11946910	螃蟹（活的）
101		扬中江虾	扬中市渔业协会	11946911	虾（活的）
102		扬中刀鱼	扬中市渔业协会	11946912	刀鱼（活的）
103		扬中河豚	扬中市渔业协会	11946913	河豚（活的）
104		大浮杨梅	无锡太湖山水城旅游度假区果农协会	11598928	杨梅
105		东山湖羊	苏州市吴中区东山镇湖羊产业协会	13825824	湖羊（活）
106		新毛芋艿	太仓市城厢镇农业技术服务站	11844432	新鲜芋艿

（续上表）

序号	省地	商标名称	注册人	注册号	商品
107	江苏	溧阳青虾	溧阳市青虾养殖协会	13517943	虾（活的）
108		赣榆虾皮	赣榆县海头镇浅海水域养殖协会	11681167	虾皮
109		如东条斑紫菜	如东县紫菜协会	11722486	紫菜
110		如东条斑紫菜	如东县紫菜协会	11946869	紫菜
111		如东文蛤	如东县文蛤行业协会	11946870	文蛤（活的）
112		如东文蛤	如东县文蛤行业协会	13026816	文蛤（活的）
113		海安河豚	海安县水产技术推广站	11759159	河豚（活鱼）
114		海安大米	海安县水产技术推广站	11759160	米
115	浙江	萧山甲鱼	杭州市萧山区农产品加工业行业协会	12846377	活甲鱼
116		富阳芦笋	富阳市芦笋产业协会	12437858	芦笋
117		三门望潮	三门县水产技术推广站	14650137	望潮（活）
118		三门跳跳鱼	三门县水产技术推广站	14650138	跳跳鱼（活）
119		胥仓雪藕	长兴县吕山乡农副产品协会	13169743	鲜藕
120		胥仓雪藕	长兴县吕山乡农副产品协会	13169744	熟藕
121		桐乡湖羊	桐乡市畜牧兽医局	13449613	湖羊（活的）
122		舟山鲳鱼	舟山市水产流通与加工行业协会	11866025	鲳鱼（非活）
123	安徽	合肥龙虾	合肥市龙虾协会	13956845	小龙虾（活的）
124		下塘烧饼	长丰县下塘烧饼餐饮协会	12377234	烧饼
125		金寨花鲢鱼	金寨县槐树湾水产养殖协会	13171525	鱼（活的）
126		金寨黄牛	金寨县黄牛养殖协会	12748505	黄牛（活的）
127		怀宁贡糕	怀宁县贡糕协会	13524050	糕点
128		太湖黄牛	太湖黄牛养殖协会	13491935	活牛
129		太湖六白猪	太湖县程岭牌安庆六白猪专业养殖协会	13491936	活猪
130		萧县葡萄	萧县生态果蔬种植协会	12313534	新鲜葡萄
131		宿州王枣子	宿州王枣子研发中心	11232352	王枣子（未加工的中药材）
132		绩溪黑猪	绩溪县养猪协会	12313911	黑猪（活动物）
133		颍上大米	颍上县稻谷深加工循环经济科技创新协会	12626103	米

（续上表）

序号	省地	商标名称	注册人	注册号	商品
134	安徽	会龙辣椒	阜南县会龙镇蔬菜协会	12869479	新鲜辣椒
135	福建	琅岐红蟳	福州市琅岐经济区蟳养殖协会	13631771	活青蟹
136		连江鲍鱼	连江县鲍鱼行业协会	13600377	鲍鱼（活的）
137		连江鲍鱼	连江县鲍鱼行业协会	13600378	鲍鱼（非活）
138		青山龙眼	长乐市古槐镇青山村龙眼行业协会	13857686	新鲜龙眼
139		古宅大蒜	厦门市翔安区新圩镇经济发展服务中心	12877116	大蒜(新鲜蔬菜)
140		崇武鱼卷	惠安县崇武镇食品加工行业协会	14230888	鱼卷
141		涂岭龙眼	泉港涂岭龙眼行业协会	13392586	龙眼
142		建泽泻	建瓯市建泽泻协会	12609480	药材（泽泻）
143		浦城桂花	浦城县桂花协会	13814882	鲜桂花；桂花树苗木
144		浦城丹桂	浦城县桂花协会	13814883	桂花
145		光泽厚朴	福建省光泽县林业科学技术推广中心	14504754	新鲜厚朴
146		顺昌芦柑	顺昌县柑橘行业协会	11708379	芦柑（鲜水果）
147		桐江鲈鱼	福鼎市鲈鱼养殖协会	12721807	鲈鱼（活的）
148		桐江鲈鱼	福鼎市鲈鱼养殖协会	12721808	鲈鱼（非活）
149		天山绿茶	宁德市蕉城区茶业协会	10643491	茶
150		天山绿茶	宁德市蕉城区茶业协会	10643530	茶
151		天山红	宁德市蕉城区茶业协会	11836552	茶
152		连城红衣花生	连城县文亨镇红衣花生协会	13341781	新鲜花生
153		连城红衣花生	连城县文亨镇红衣花生协会	13341782	加工过的花生
154		上杭萝卜干	上杭县园艺产业协会	13588144	萝卜干
155		永定美蕉	永定县美蕉协会	14239433	香蕉
156		永定红柿	永定县红柿专业技术协会	12584748	柿子(新鲜水果)
157		南靖郑店菜脯汁	南靖县名优农产品协会	13304988	菜脯汁（调味酱汁）
158		平和粗鳞鱼	平和县特产协会	11448151	粗鳞鱼（非活）
159		平和棕包梨	平和县特产协会	11448152	梨
160		平和大溪荔枝	平和县特产协会	11448153	荔枝

（续上表）

序号	省地	商标名称	注册人	注册号	商品
161	福建	平和夫人李	平和县特产协会	11448155	李子
162		平和大溪米粉	平和县特产协会	11448156	米粉
163		灵通七叶胆	平和县特产协会	11448157	药茶；药用草药茶
164		大梧蚝	诏安县四都镇大梧村水产养殖协会	13148116	蚝(牡蛎(活的))
165		诏安柿饼	诏安县太平镇水果营销协会	13858673	柿饼
166		华安玉雕	华安县华安玉同业公会	11937842	玉雕
167		深土三角文蛤	漳浦县深土镇农产品产业协会	13597610	文蛤（活的）
168		深土皱纹盘鲍鱼	漳浦县深土镇农产品产业协会	13597611	鲍鱼（活的）
169		沙西红鲟	漳浦县沙西海产品协会	11571857	鲟（活的）
170		沙西血鳗	漳浦县沙西海产品协会	11571858	血鳗（活的）
171		沙西泥蚶	漳浦县沙西海产品协会	11571859	蚶（活的）
172		前亭珠蚶	漳浦县前亭镇农产品产业协会	11632810	蚶（活的）
173		前亭沙虾	漳浦县前亭镇农产品产业协会	11632811	虾（活的）
174		大南坂红肉橙	漳浦县大南坂农产品协会	12170641	新鲜橙
175		漳江口大蚝	福建省云霄县水产开发中心	12980693	大蚝(活的牡蛎)
176		东山鲍鱼	东山县水产技术推广站	13890624	鲍鱼（活）
177		长泰砂仁	长泰县农产品流通协会	13571587	砂仁(中药药材)
178		长泰天竺岩茶	长泰县农产品流通协会	13571586	茶
179		桂阳萝卜	建宁县黄埠乡农业服务中心	13111566	新鲜萝卜
180		明溪红豆杉	明溪县红豆杉行业协会	12821614	红豆杉
181		明溪金线莲	明溪县金线莲协会	13732502	金线莲（药草）
182		安贞旌鼓	永安市槐南镇新农村建设服务中心	13776367	鼓（乐器）
183		沙县红边茶	沙县夏茂茶叶协会	13908849	茶
184	江西	遂川板鸭	遂川县农业产业化办公室	12514641	板鸭
185		双井绿	修水县茶叶协会	11213800	茶
186		彭泽鲫	江西省彭泽县彭泽鲫产业协会	13363466	活鱼
187		信丰红瓜子	信丰县农产品协会	11968471	加工过的瓜子

（续上表）

序号	省地	商标名称	注册人	注册号	商品
188	江西	兴国倒蒸红薯干	兴国县农副土特产品协会	11968476	红薯干
189	山东	官道小米	莱西市官道小米协会	13932102	小米
190		烟台桑叶茶	烟台市茶叶协会	14852562	茶
191		蓬莱苹果	蓬莱市绿色农业协会	12355712	苹果
192		博兴西红柿	博兴县保健蔬菜协会	11531727	西红柿
193		宁阳桥白	宁阳县泗店镇蔬菜协会	12577765	大白菜
194		彭集花生	东平县彭集街道花生产业协会	11668356	新鲜花生
195		楼德煎饼	新泰市楼德镇煎饼协会	13624036	煎饼
196		新泰苹果	新泰市唯特果树研究所	13507249	苹果
197		新泰红毛山羊	新泰市黄山红山羊研究所	13507250	活羊
198		新泰草猪	新泰市草猪养殖协会	13507251	活猪
199		日照红茶	日照市岚山区农业技术服务协会	13198463	茶
200		泗水粉皮	泗水县地瓜制品产业协会	13564885	粉皮
201		泗水板栗	泗水县泗张镇优质农产品协会	12765801	板栗(新鲜水果)
202		泗水石榴	泗水县泗张镇优质农产品协会	14337397	石榴
203		两城小茴	微山县微山湖经济开发促进会	14081992	茴香子
204		南四湖菱角	微山县微山湖经济开发促进会	14081989	菱角（干）；菱角米（干）
205		微山湖莲藕	微山县微山湖经济开发促进会	14081990	莲藕(食用植物根)
206		微山湖莲子	微山县微山湖经济开发促进会	14081991	莲子
207		微山苇编	微山县微山湖经济开发促进会	14081994	苇席
208		微山湖大水蛭	微山县微山湖经济开发促进会	14081988	医用水蛭
209		邹城长红枣	邹城市香城镇果蔬协会	14337393	鲜枣
210		香城石榴	邹城市香城镇果蔬协会石榴分会	14150035	石榴
211		香城黄杏	邹城市香城镇果蔬协会黄杏分会	14150036	杏
212		香城油桃	邹城市香城镇果蔬协会油桃分会	14150037	桃
213		北渐兴水萝卜	邹城市久富优质农产品种植协会	13518567	萝卜（新鲜的）
214		济宁百日鸡	济宁市市中区济宁百日鸡养殖协会	14337396	鸡（非活）

（续上表）

序号	省地	商标名称	注册人	注册号	商品
215	山东	济宁青山羊	济宁市畜牧站	12279569	羊（活动物）
216		梁山麻鸭	梁山县优质农产品推广协会	11871589	鸭（活家禽）
217		梁山蜜桃	梁山县优质农产品推广协会	13313126	桃
218		梁山蚕白杏	梁山县鲁梁农畜产业协会	13377545	杏
219		汪沟黄瓜	兰山区田秀才瓜菜种植协会	13326485	新鲜黄瓜
220		醋庄葡萄	临沂经济技术开发区葡萄协会	14647513	鲜葡萄
221		德州黑陶	德州黑陶文化产业协会	12058082	陶器
222		高青黄瓜	高青县民生黄瓜协会	13642714	新鲜黄瓜
223		昌邑小干鱼	昌邑市水产养殖协会	12929139	鱼（非活）
224		昌邑文蛤	昌邑市水产养殖协会	12929140	蛤蜊（活的）
225		昌邑草莓	昌邑市都昌街道草莓种植业协会	12929137	新鲜草莓
226		昌邑老面大饽饽	昌邑市面食协会	12929138	馒头
227		石堆伏梨	安丘市石堆镇桃园官庄果蔬协会	12900082	梨
228		两河大蒜	安丘市官庄镇农业综合服务中心	12900083	新鲜大蒜
229		石埠子樱桃	安丘市石埠子镇樱桃协会	12830008	新鲜樱桃
230		石埠子草莓	安丘市石埠子镇樱桃协会	12830009	新鲜草莓
231		柳山寨西瓜	临朐县柳山镇西瓜协会	12734342	西瓜
232		寿光绿实杆芹菜	寿光蔬菜瓜果产业协会	13742777	芹菜（新鲜的）
233		寿光香瓜	寿光蔬菜瓜果产业协会	13742778	香瓜
234		一空桥山药	潍坊市寒亭区优质农副产品协会	12944747	山药(新鲜蔬菜)
235		临清大尾寒羊	临清大尾寒羊养殖协会	13889567	大尾寒羊(活的)
236		临清狮猫	临清狮猫品种保护与开发协会	13889568	狮猫
237		阳谷鲁西黑头羊	阳谷县畜禽养殖协会	13193097	活羊
238		阳谷小尾寒羊	阳谷县畜禽养殖协会	13193098	活羊
239		高唐老豆腐	高唐县优质特色产品协会	12093819	豆腐制品
240		高唐驴肉	高唐县优质特色产品协会	12093820	驴肉
241		单县罗汉参	单县罗汉参产业协会	13518568	罗汉参（香芋）（食用植物根）

（续上表）

序号	省地	商标名称	注册人	注册号	商品
242	山东	菏泽木瓜	菏泽市木瓜协会	13435802	木瓜（药材）
243	河南	温县铁棍山药	温县四大怀药协会	14130171	山药（未加工的食用植物根）
244		鄢陵蜡梅	鄢陵县民间蜡梅协会	13459421	蜡梅树（植物）
245		南阳黑猪	内乡县南阳黑猪协会	11232388	猪（活的）
246		内乡核桃	内乡县核桃产业协会	13067337	新鲜核桃
247		唐半夏	唐河县中药材开发办公室	11638897	半夏
248		唐栀子	唐河县中药材开发办公室	11638898	栀子
249		清丰白灵菇	清丰县食用菌协会	9040534	白灵菇（鲜食用菌）
250		孟津梨	孟津县会盟农业协会	13319809	梨
251		孟津黄河鲤鱼	孟津县会盟农业协会	13348610	鲤鱼
252		水沟庙大蒜	宜阳县大蒜种植协会	13942530	大蒜
253		东岗核桃	林州市东岗镇农业服务中心	13395733	加工过的核桃
254		东岗花椒	林州市东岗镇农业服务中心	13395734	花椒（调味品）
255		卢氏绿壳鸡蛋	卢氏县卢氏鸡产业协会	11477889	蛋
256	湖北	洪山菜苔	武汉市洪山区洪山菜苔产业协会	12861108	新鲜蔬菜(菜苔)
257		黄陂泥塑	武汉市黄陂区土特产协会	13326898	泥塑工艺品
258		黄陂马蹄	武汉市黄陂区土特产协会	13326899	荸荠(新鲜蔬菜)
259		黄陂豆腐	武汉市黄陂区土特产协会	14058056	豆腐
260		塔耳柿子	武汉市黄陂区土特产协会	14060564	柿子(新鲜水果)
261		杨楼子湾麻油	湖北省食文化研究会	12314143	芝麻油
262		洪山茶	宜都市农牧生物技术研究所	13836054	茶叶
263		白溢稻	五峰白溢寨贡米产业协会	10831615	米
264		五峰烟叶	五峰烟草种植协会	13563830	烟草；烟丝
265		糜城藕	当阳市两河镇农副产品产销者协会	13320494	藕（新鲜蔬菜）
266		远安香菇	茅坪场镇食用菌产业协会	12860535	干香菇
267		远安香菇	茅坪场镇食用菌产业协会	12860536	鲜食香菇
268		远安黄茶	远安县农业技术推广中心	13827491	茶

（续上表）

序号	省地	商标名称	注册人	注册号	商品
269	湖北	孝昌太子米	孝昌县太子米产业协会	11774305	米
270		巴东五香豆腐干	巴东县豆制品行业协会	13744427	豆腐干
271		梁子湖螃蟹	鄂州市名贵淡水鱼协会	14357145	螃蟹（活的）
272		梁子湖螃蟹	鄂州市名贵淡水鱼协会	14357146	螃蟹（活的）
273		鄂州螃蟹	鄂州市名贵淡水鱼协会	14229284	螃蟹（活的）
274		茅草红菜苔	鄂州市城乡名特产品协会	13833910	红菜苔（新鲜蔬菜）
275		吴都莹籼	鄂州市城乡名特产品协会	13833911	大米
276		吴都莹籼	鄂州市城乡名特产品协会	14229282	大米
277		坝角香稻	鄂州市城乡名特产品协会	13833912	大米
278		坝角香稻	鄂州市城乡名特产品协会	14229281	大米
279		鄂城长条茄	鄂州市鄂城名优产品协会	14229285	茄子（新鲜的）
280		鄂城长条茄	鄂州市鄂城名优产品协会	14229287	茄子（新鲜的）
281		鄂城红胡萝卜	鄂州市鄂城名优产品协会	14229286	萝卜（新鲜的）
282		鄂城红胡萝卜	鄂州市鄂城名优产品协会	14229288	萝卜（新鲜的）
283		鄂州螃蟹	鄂州市鄂城名优产品协会	14229284	螃蟹（活的）
284		鄂州螃蟹	鄂州市鄂城名优产品协会	14229339	螃蟹（活的）
285		钟祥云雾茶	钟祥市茶叶协会	13988403	茶
286		钟祥葛粉	钟祥市葛产业协会	13988404	葛粉
287		房县绞股蓝	房县中药材协会	13244882	绞股蓝（中草药）
288		房县白及	房县中药材协会	13244883	白及（中草药）
289		房县北柴胡	房县中药材协会	13244884	北柴胡（中草药）
290		景阳桐	郧西县景阳乡油桐产业协会	13326900	油桐（树木）
291		郧阳白羽乌鸡	郧阳白羽乌鸡养殖协会	14193603	活鸡
292		郧阳白羽乌鸡	郧阳白羽乌鸡养殖协会	14193604	鸡（非活的）
293		竹溪腐乳	竹溪县蔬菜协会	13296545	腐乳
294		均州晒烟	丹江口市烟叶协会	13236620	烟叶；烟丝；烟末

（续上表）

序号	省地	商标名称	注册人	注册号	商品
295	湖北	武当椰梅	丹江口市果树学会	13231152	梅子（新鲜的椰梅）
296		丹江口翘嘴鲌	丹江口市水产协会	13231153	鱼（非活）
297		英山桔梗	英山县中药材产业发展协会	13704163	桔梗（药用植物根）
298		麻城绿壳蛋鸡	麻城市畜牧兽医学会	11121439	活鸡
299		木子店老米酒	麻城市木子店老米酒协会	12324410	米酒
300		红安大布	红安县传统手工技艺研究会	14650485	布等
301		红安花生	红安县农业技术推广中心站	14650486	新鲜花生
302		武穴酥糖	武穴市酥糖协会	12634069	酥糖
303		黄梅挑花	黄梅县黄梅挑花行业协会	14468705	绣花饰品等
304		随县葛粉	随县葛产品技术研究中心	13317079	葛粉
305		随县万和兰花	随县万和镇兰花协会	13317080	兰花
306		柏树湾金银花	随县金银花协会	11631145	金银花（植物）
307		南湖萝卜	荆州市荆州区土特产产销协会	14228831	萝卜(新鲜蔬菜)
308		松滋鸡	松滋市惠民土鸡产业发展服务中心	13660550	活鸡
309		襄麦冬	襄阳市襄城区欧庙镇襄麦冬专业经济协会	11436966	麦冬（药用植物根）
310		襄阳黑猪肉	襄阳市襄州区黑猪养殖协会	12973721	猪肉
311		襄阳黑猪	襄阳市襄州区黑猪养殖协会	12973722	猪（活的）
312		襄阳白菜	襄阳市襄城区卧龙大白菜专业技术协会	13889575	白菜
313		襄阳花红	襄阳市襄城区卧龙花红专业技术协会	13889576	苹果
314		襄阳红	保康县襄阳红茶业协会	12560461	茶
315		枣阳油茶	枣阳市油茶产业协会	14059449	食用油
316		枣阳梨	枣阳市农业经济发展协会	14059450	梨
317		宜城松花皮蛋	宜城市鸭业协会	13261856	皮蛋（松花蛋）
318		老河口大仙桃	老河口市果业协会	11436967	桃
319		黄袍山油茶	通城县油茶行业协会	13476391	油茶植物

（续上表）

序号	省地	商标名称	注册人	注册号	商品
320	湖北	杨芳酱油	通山县杨芳林乡农副产品协会	13986145	酱油
321		杨芳豆豉	通山县杨芳林乡农副产品协会	13986223	豆豉
322		通山麻饼	通山县麻饼协会	14633305	麻饼（糕点）
323		赤壁米砖茶	赤壁市茶叶协会	15279686	茶
324		赤壁青砖茶	赤壁市茶叶协会	15279687	茶
325		韦源口螃蟹	阳新县韦源口金海水产服务（区域）中心	13654479	螃蟹（活的）
326	湖南	沙坪湘绣	长沙市湘绣协会	9807676	被面（绣制品）；床单和枕套（绣制品）；绣花枕套；家具遮盖物（绣制品）；家电遮盖物（绣制品）
327		沙坪湘绣	长沙市湘绣协会	9807677	鞋（绣制品）
328		桃江绿茶	湖南省桃江县茶业协会	14982173	茶
329		岳阳黄茶	岳阳市茶叶协会	13186642	茶
330		临湘浮标	临湘市浮标协会	13378130	钓鱼用浮子（钓鱼浮标）
331		临湘黑茶	临湘市茶叶行业协会	13859303	茶
332		湘西黑猪	湘西土家族苗族自治州畜牧工作站	14417517	活猪
333		湘西黑猪	湘西土家族苗族自治州畜牧工作站	14417518	猪肉
334		凤凰血粑鸭	凤凰县古城商会	11127268	血粑鸭
335		江永香姜	江永县蔬菜产销行业协会	13544624	新鲜生姜
336		麻阳白鹅	麻阳苗族自治县养鹅协会	13171359	活鹅
337		武冈葛根	武冈市特色产业开发办公室	14277377	葛根粉
338		邵东流泽玉竹	邵东县玉竹行业协会	13491587	玉竹（中药材）
339		耒阳烟叶	耒阳市烤烟生产管理办公室	11401885	烟草
340		攸县米粉	攸县食品行业协会	13355195	米粉
341	广东	高州荔枝	高州市荔枝协会	13477512	荔枝
342		水东芥菜	电白县水东芥菜协会	10941061	芥菜

（续上表）

序号	省地	商标名称	注册人	注册号	商品
343	广西	梧州砂糖橘	梧州市水果协会	9865320	砂糖橘
344		东津细米	广西贵港市港南区粮食行业协会	11531538	米
345	海南	永兴荔枝	海南省海口市秀英区永兴镇农业服务中心	13733631	荔枝
346		定安黑猪	定安县畜牧兽医局	12337488	活猪
347		儋州鸡	儋州市畜牧兽医局	13554422	活鸡
348	重庆	城口山地鸡	城口县畜牧技术推广站	14211170	鸡（非活的）
349		城口山地鸡	城口县畜牧技术推广站	14211169	鸡（活的）
350		城口蜂蜜	城口县畜牧技术推广站	13580165	蜂蜜
351		城口板栗	城口县林学会	13356641	新鲜栗子
352		酉阳茶油	酉阳土家族苗族自治县可大乡农业服务中心	13571873	茶油
353		丰都轿子山白菜	丰都县农产品协会	14257789	白菜(新鲜蔬菜)
354		丰都轿子山萝卜	丰都县农产品协会	14257790	萝卜(新鲜蔬菜)
355		万州猕猴桃	重庆市万州猕猴桃研究所	12145092	猕猴桃
356		万州银针	重庆万州银针茶叶研究所	12268124	茶
357		荣昌盘龙生姜	荣昌县盘龙镇农业服务中心	13949760	生姜
358		南川金佛山珙桐	重庆金佛山国家级自然保护区管理局	13377801	珙桐（植物）
359		云阳乌天麻	云阳县渝峰乌天麻种植协会	14249283	天麻（药用植物根）
360		彭水五步蛇酒	彭水苗族土家族自治县鹿角镇农业服务中心	11473948	药酒
361		彭水山地黄牛	彭水苗族土家族自治县畜牧技术推广站	11473950	黄牛
362		彭水晶丝苕粉	彭水苗族土家族自治县红薯专业技术协会	12405997	晶丝苕粉（粉丝(条))
363		彭水黄豆	彭水苗族土家族自治县黄豆管理协会	13777862	黄豆(未加工的)
364		江津石蟆橄榄	重庆市江津区石蟆镇农业服务中心	11092777	新鲜橄榄
365		大路黄花	璧山县大路街道办事处农业服务中心	12279440	黄花菜
366	重庆	岚峰黄花	铜梁县蒲吕镇农业服务中心	12567506	干黄花(干蔬菜)

（续上表）

序号	省地	商标名称	注册人	注册号	商品
367	四川	盐源早核桃	四川省盐源县核桃产业化技术协会	11742325	核桃（坚果）
368		马湖莼菜	雷波县马湖莼菜场	13472764	莼菜(新鲜蔬菜)
369		彭州九尺板鸭	彭州市九尺家禽业联合会	11985541	板鸭
370		广元黄茶	广元市经济作物管理站	14056995	茶
371		广元纯黄茶	广元市经济作物管理站	14056996	茶
372		利州辣椒	广元市利州区蔬菜办公室	14489282	辣椒（调味品）
373		昭化山桐子	广元市昭化区林业科技推广服务中心	14056994	山桐子(新鲜浆果)
374		昭化山桐子	广元市昭化区林业科技推广服务中心	14056993	山桐子油(食用油)
375		晋贤香菇	广元市昭化区林业科技推广服务中心	14056992	香菇(干食用菌)
376		德昌水牛	德昌县畜牧站	13595333	牛（活动物）
377		德昌桑葚	德昌县蚕业管理办公室	12617898	桑葚
378		美姑山羊	美姑县畜牧局畜牧站	11504520	山羊
379		布拖燕麦	布拖县农业科技教育管理站	11768187	燕麦
380		布拖乌洋芋	布拖县农业科技教育管理站	11768188	洋芋
381		宁南幸福核桃	宁南县核桃专业技术协会	13632388	加工过的核桃
382		宜宾早茶	宜宾市茶叶站	12949948	茶
383		青峪猪	通江县巴山土猪养殖协会	13403083	猪（活动物）
384		涪城蚕茧	绵阳市涪城区蚕业科学技术协会	12876750	蚕茧
385		护国柚	泸州市纳溪区果技站	11830636	柚子
386		小金松茸	小金县农业局经济作物管理站	13513500	鲜松茸
387		汉源黄果柑	汉源安乐优质晚熟黄果柑协会	11389599	柑橘
388		岳池顾县豆干	岳池县顾县林业技术推广站	12355179	豆腐制品
389		雅江松茸	四川省雅江县农技站	12632799	松茸(干食用菌)
390		巴塘核桃	巴塘县林业局中咱片区林业工作站	13759764	新鲜核桃
391	贵州	沿河沙子空心李	沿河土家族自治县经济作物工作站	12087191	李子（鲜水果）
392		牙舟陶	平塘县牙舟陶发展研究中心	11570194	陶器等
393	贵州	荔波蜜柚	荔波县果树蔬菜管理站	13018783	柚子

（续上表）

序号	省地	商标名称	注册人	注册号	商品
394	云南	八街食用玫瑰	安宁八街玫瑰协会	13365126	玫瑰(食用鲜花)
395		富民杨梅	富民县茶桑果站	13099729	杨梅
396		嵩明生菜	嵩明县生菜协会	13599603	生菜(新鲜蔬菜)
397		寻甸牛干巴	寻甸兴达牛肉制品协会	13403086	牛干巴（肉干）
398		撒坝猪	禄劝彝族苗族自治县畜牧兽医总站	13244731	活猪
399		石林圭山山羊	石林彝族自治县畜牧兽医总站	13403089	山羊（活动物）
400		建水洋葱	建水县面甸镇阎把寺果蔬协会	12194054	洋葱(新鲜蔬菜)
401		元阳香蕉	元阳县正源香蕉协会	10488971	香蕉
402		泸西灯盏花	泸西县灯盏花协会	13596477	灯盏花(中药材)
403		景东芒果	景东彝族自治县林业局林业技术推广服务中心	12936551	芒果
404		景东紫胶	景东彝族自治县林业局林业技术推广服务中心	10913585	紫胶（虫胶）
405		广南高峰黄牛	广南县谷多高峰黄牛养殖协会	13980576	牛肉
406		鲁甸青花椒	鲁甸县花椒产业商会	10320006	花椒粉
407		鲁甸大麻核桃	鲁甸县林业产业服务中心	13869630	新鲜核桃
408		鲁甸大麻核桃	鲁甸县林业产业服务中心	13869631	加工过的核桃
409		罗平蜂蜜	罗平县特色产业协会	14227334	蜂蜜
410		师宗黑山羊	师宗县饲草饲料工作站	11742323	羊肉
411		师宗黑尔糯米	师宗县农业局农业技术推广中心	13365125	糯米
412		姚安山药	姚安县前场果蔬协会	12884198	新鲜山药
413		无量山乌骨鸡	南涧彝族自治县畜牧兽医学会	13579504	鸡（活动物）
414		弥渡大蒜	弥渡县品牌协会	13733771	大蒜
415		弥渡卷蹄	弥渡县品牌协会	13243832	卷蹄
416		永平鹅	永平县永平白鹅养殖协会	13516230	鹅（活动物）
417		独龙牛	贡山县独龙牛养殖协会	12123196	牛
418		兰坪乌骨绵羊	兰坪白族普米族自治县畜禽品种改良站	10779917	羊（活动物）
419		腾冲雪鸡	腾冲县畜牧工作站	12109331	鸡肉

（续上表）

序号	省地	商标名称	注册人	注册号	商品
420	云南	腾冲雪鸡	腾冲县畜牧工作站	12109334	鸡（活家禽）
421		槟榔江水牛	腾冲县畜牧工作站	12109332	牛肉
422		槟榔江水牛	腾冲县畜牧工作站	12109335	水牛（活动物）
423		明光小耳猪	腾冲县畜牧工作站	12109333	猪肉
424		德宏香软米	德宏州农学会	11319551	大米
425		德宏水牛	德宏州畜牧站	13805444	牛（非活）
426		梁河葫芦丝	梁河县文化馆	10779916	葫芦丝（乐器）
427		元江芒果	元江县热带水果产业发展协会	13354996	芒果
428		易门豆豉	易门县农副产品协会	12972618	豆豉
429		勐海茶	勐海县茶叶技术服务中心	11753395	茶
430	西藏	工布江达藏猪	西藏工布江达县畜牧兽医站	13588941	猪肉食品
431		拉孜藏刀	拉孜县藏刀民间交流协会	12331368	刀
432		帕里牦牛	西藏亚东县农牧综合服务中心	14492450	牦牛（活动物）
433		加查核桃	西藏山南地区加查县加查达布千年核桃协会	13237601	核桃(新鲜水果)
434	陕西	紫阳毛尖	紫阳县茶业协会	12950395	茶
435		平利绞股蓝	平利县茶业局	13356607	绞股蓝茶
436		平利女娲茶	平利县茶业局	11873284	茶
437		大荔冬枣	大荔县果业局	13223243	鲜枣
438		临渭葡萄	渭南市临渭区果菜局	13777877	葡萄
439		蒲城酥梨	蒲城县果业管理局	13554405	梨
440		眉县猕猴桃	眉县果业局	11838582	猕猴桃
441		陈仓核桃	宝鸡市陈仓区新街镇官村核桃专业协会	12037420	坚果（核桃）
442		志丹荞面	志丹县农业技术推广中心	11838583	面粉(荞麦面粉)
443		志丹羊肉	志丹县羊子开发服务站	11838584	肉（羊肉）
444		略阳杜仲	略阳县杜仲协会	13319129	杜仲
445		洋县红米	洋县朱鹮之乡粮油协会	10493122	红米
446		汉中大鲵	汉中市水生野生动物保护与发展协会	10497893	大鲵
447		洛南核桃	洛南县核桃研究所	11782523	干核桃

（续上表）

序号	省地	商标名称	注册人	注册号	商品
448	甘肃	秦安苹果	秦安县农产品协会	8627790	苹果
449		甘谷辣椒	甘谷县农产品流通经纪人协会	13745913	鲜辣椒
450		甘谷辣椒	甘谷县农产品流通经纪人协会	13745914	辣椒面；干辣椒丝
451		张掖肉牛	张掖市肉牛协会	11160093	牛肉等
452		张掖肉牛	张掖市肉牛协会	11160094	牛
453		山丹羊肉	山丹县羊产业开发办公室	13489740	羊肉
454		会宁亚麻油	会宁天龙亚麻研究院	14227230	烹饪用亚麻籽油
455	青海	门源青稞	门源县青稞杂粮营销协会	12567913	青稞（大麦）
456		门源蕨麻	门源县蕨麻营销协会	13732082	蕨麻（食用植物根）
457		刚察青海湖牦牛	刚察县特色农畜产品营销协会	11850893	鲜、冻分割牛肉
458		刚察青海湖藏羊	刚察县特色农畜产品营销协会	11850894	肉干等
459		刚察黄蘑菇	刚察县特色农畜产品营销协会	11850895	干食用菌
460		贵南藏绣	贵南县藏绣协会	6373431	手绣、机绣图画（刺绣）
461		杂多虫草	杂多县虫草协会	13246729	冬虫夏草
462		久治贝母	久治县畜牧业协会	10743661	贝母(中药药材)
463	宁夏	灵武山草羊	灵武市畜牧技术推广服务中心	7497621	羊肉
464		灵武山草羊	灵武市畜牧技术推广服务中心	7497622	羊（活动物）
465		西吉芹菜	西吉县马铃薯生产研究所	10040524	芹菜
466	新疆	乌恰牦牛	乌恰镇畜牧业技术服务协会	13322035	牦牛（活动物）
467		乌恰阿魏菇	乌恰县农业技术推广中心	13322036	新鲜蘑菇
468		吉木萨尔辣椒	吉木萨尔县农产品种植购销协会	11154024	辣椒（植物）
469	台湾	关山米	台东县关山镇公所	10072044	米
470	美国	GRAPES FROM CALIFORNIA	加州鲜食葡萄委员会	5560432	葡萄
471	意大利	CONSORZIO DELL ASTI D.O.C.G. 及图形	阿斯蒂保护协会	6553540	葡萄酒

（续上表）

序号	省地	商标名称	注册人	注册号	商品
472	意大利	GORGONZOLA	戈贡佐拉奶酪保护联盟	11293990	奶酪
473	法国	布拉伊－波尔多山坡 BLAYE – COTES DE BORDEAUX	波尔多葡萄酒行业联合委员会	10528085	葡萄酒
474		弗龙萨克 FRONSAC	波尔多葡萄酒行业联合委员会	10528087	葡萄酒
475		格拉夫 GRAVES	波尔多葡萄酒行业联合委员会	10528088	葡萄酒
476		韦雷－格拉夫 GRAVES DE	波尔多葡萄酒行业联合委员会	10528089	葡萄酒
477		卢皮亚克 LOUPIAC	波尔多葡萄酒行业联合委员会	10528094	葡萄酒
478		波尔多主山坡 PREMIERES COTES DE BORDEAUX	波尔多葡萄酒行业联合委员会	10528103	葡萄酒
479		索泰尔讷 SAUTERNES	波尔多葡萄酒行业联合委员会	10528105	葡萄酒
480		波尔多上伯诺日 BORDEAUX HAUT BENAUGE	波尔多葡萄酒行业联合委员会	10528107	葡萄酒
481		波尔多淡红 BORDEAUX CLAIRET	波尔多葡萄酒行业联合委员会	10528108	葡萄酒
482		布拉伊 BLAYE	波尔多葡萄酒行业联合委员会	10528110	葡萄酒
483		巴尔萨克 BARSAC	波尔多葡萄酒行业联合委员会	10528111	葡萄酒
484		波尔多甜白 BORDEAUX MOELLEUX	波尔多葡萄酒行业联合委员会	10528113	葡萄酒
485		卡农－弗龙萨克 CANON FRONSAC	波尔多葡萄酒行业联合委员会	10528114	葡萄酒
486		卡迪亚克－波尔多山坡 CADILLAC-COTES DE BORDEAUX	波尔多葡萄酒行业联合委员会	10528115	葡萄酒
487		卡迪亚克 CADILLAC	波尔多葡萄酒行业联合委员会	10528116	葡萄酒

（续上表）

序号	省地	商标名称	注册人	注册号	商品
488	法国	布尔 BOURG	波尔多葡萄酒行业联合委员会	10528117	葡萄酒
489		优级波尔多甜白 BORDEAUX SUPERIEUR BLANC	波尔多葡萄酒行业联合委员会	10528118	葡萄酒
490		布拉伊山坡 COTES DE BLAYE	波尔多葡萄酒行业联合委员会	10528122	葡萄酒
491		波尔多山坡－圣马盖尔 COTES DE BORDEAUX SAINT-MACAIRE	波尔多葡萄酒行业联合委员会	10528123	葡萄酒
492		两海间－上伯诺日 ENTRE-DEUX-MERS HAUT-BENAUGE	波尔多葡萄酒行业联合委员会	10528125	葡萄酒
493		两海间 ENTRE-DEUX-MERS	波尔多葡萄酒行业联合委员会	10528126	葡萄酒
494		波尔多气泡酒 CREMANT DE BORDEAUX	波尔多葡萄酒行业联合委员会	10528127	葡萄酒
495		布尔山坡 COTES DE BOURG	波尔多葡萄酒行业联合委员会	10528128	葡萄酒
496		波尔多山坡 COTES DE BORDEAUX	波尔多葡萄酒行业联合委员会	10528129	葡萄酒
497		圣富瓦波尔多 SAINTE-FOY BORDEAUX	波尔多葡萄酒行业联合委员会	10528130	葡萄酒
498		圣克鲁瓦蒙 SAINTE-CROIX-DU-MONT	波尔多葡萄酒行业联合委员会	10528131	葡萄酒
499		圣朱利安 SAINT-JULIEN	波尔多葡萄酒行业联合委员会	10528132	葡萄酒
500		圣于连 SAINT-JULIEN	波尔多葡萄酒行业联合委员会	10528133	葡萄酒

（续上表）

序号	省地	商标名称	注册人	注册号	商品
501	法国	圣乔治－圣埃米利永 SAINT-GEORGES SAINT-EMILION	波尔多葡萄酒行业联合委员会	10528144	葡萄酒
502		圣爱斯泰夫 SAINT-ESTEPHE	波尔多葡萄酒行业联合委员会	10528145	葡萄酒
503	西班牙	TURRON DE ALICANTE	阿利坎特省希约纳牛轧糖地理标志产品保护管理委员会	10203813	牛轧糖
504		TURRON DE JIJONA	阿利坎特省希约纳牛轧糖地理标志产品保护管理委员会	10203814	牛轧糖
505	格鲁吉亚	MUKUZANI	格鲁吉亚国家葡萄酒局	12634712	葡萄酒
506		TVISHI	格鲁吉亚国家葡萄酒局	12634713	葡萄酒

第五章 商标评审

2014 年，国家工商总局商标评审委员会深入学习贯彻党的十八届三中、四中全会精神，认真落实全国工商行政管理局长座谈会议部署，进一步开拓工作思路，更新观念，扎实工作，较好地完成了各项工作任务。

一、真抓实干，高效确权，全力确保审理时限

2014 年，商评委认真落实总局张茅局长“加快商标审查和商标案件审理工作，要在比较困难的情况下，千方百计按照新商标法规定的时限完成任务”的要求，开拓进取、创新措施，进一步提升案件审理效率和质量，全力确保任务完成。一是以《商标评审规则》修改为契机，切实简化程序，优化流程，强化措施，进一步促进案件审理工作效能的提高。二是深化沟通衔接，力争尽早实现三期系统安全上线运行。三是坚持边做边试，做好各项线下工作，尽力减少上线后审限压力。四是通过进一步完善目标任务分解、任务量包干等措施，细化分工，明确责任。五是坚持执行月报、日报制度，及时跟踪分析工作量完成及待审数量变化情况，确保按期完成审理任务。六是通过细化规范引导，优化审理流程，确保“要点不漏审，说理有参照”。七是通过深入推进激励机制、加强绩效考核与管理，强化案件审理人员责任意识，确保审理质量。八是按照新法确定的审限要求，研究制定了《商标评审案件审理质量考核评价工作办法》和《商标评审委员会案件质量考评指标体系》，进一步强化质量监督管理。九是充分调动各方积极因素，进一步深挖潜力，提高效率。

在全体干部的共同努力下，商评委 2014 年审结完成评审案件共 11.6 万件。其中审结驳回复审案件 8.6 万件，审结复杂案件 3 万件。

同时，由于2013年度商标评审案件裁决量较大，使受诉法院将大量案件移转至2014年度审理。商评委2014年度应诉案件量大幅增长。2014年度，商评委一审应诉案件7452件，是2013年一审应诉案件量的4.2倍。面对如此迅猛攀升的应诉工作量，商

评委一方面主动与北京市一中院知识产权庭开展互动沟通，就应诉手续的简化、信息通报和交换、法律文件由邮寄送达改为专人专车定期送达等若干问题达成了一致意见，并形成会议纪要，由双方遵照执行，推进应诉效能的提升；另一方面，进一步强化对内的应诉组织指导、信息交流和协调配合，及时总结诉讼案件裁决要点及相关经验，提高应诉技能，确保应诉工作质量。通过这些有效措施，使商评委在诉讼案件大量增长的情况下，一审应诉胜诉率达到了84.6%，较以往3年的平均胜诉率高出了1个百分点。

二、深化沟通，加强协作，行政复议工作高效完成

2014年，商评委新收到行政复议申请287件，较2013年同期增长8.3%；已审结及已做出不予受理决定的复议案件273件。在复议工作中，通过严格依法办案，充分发挥行政复议制度监督功能，切实保障当事人合法程序权益；通过主动与商标局、审查协作中心协调沟通，有效化解矛盾纠纷，积极推进社会和谐；通过灵活适用信赖利益保护、利益衡平等法律原则，实现法律效果与社会效果的统一；通过创新各项举措，强化问效追踪，有效促进了行政复议工作效能和水平的进一步提升，为高效服务经济社会持续健康发展做出了积极贡献。

三、完善法律制度，统一适用原则，做好宣传培训，确保新旧商标法有序衔接和顺利实施

一是配合新商标法和实施条例的实施，及时完成了《商标评审规则》的修订工作，为依法评审提供法律保障。二是及时研究制定新旧法衔接适用规范性文件，发布了新法框架下适用于当事人的 18 种评审新书式，修改完善了 90 余种文书样式，为当事人依法参与评审程序提供了便利。三是深入开展新法对内培训和研讨，夯实法律基础。邀请北京市高院、北京市一中院和商标局及商评委参与商标法修改工作的同志，就新商标法及配套法规修订的基本情况、有关评审程序的变化、新旧法的法律衔接与适用等方面进行了集中授课，并针对涉及商标评审案件审理实体条款的修订和变化进行研讨交流。四是统一适用标准，深化与司法的沟通衔接。主动与北京市高院、北京市一中院沟通协调，就新旧法衔接问题、新法新增条款的审理标准以及实践中存在争议的法律适用等问题共同开展了座谈研讨，使三方就法院受诉时间点、新增条款适用标准等形成了一致意见，为推进新旧法的有序衔接和新法实施后进一步提升行政诉讼工作

效能奠定了良好的基础。五是切实抓好新法的对外宣传和普及工作。结合学习情况，商评委领导带头撰写推进新法实施的署名文章；参与工商总局新商标法实施新闻发布会和人民网强国论坛，对新法及配套法规、规章进行宣传、解读；积极派员赴各地参与推进新法实施的培训授课工作；组织编写新商标法释义提纲；撰写了10余篇解读、释义类文章并进行广泛宣传和刊发。六是紧扣中央精神，抓好深化培训。新《商标法实施条例》、《商标评审规则》正式出台并实施以后，结合学习贯彻党的十八届四中全会精神，围绕全面提升商标行政授权确权依法行政水平这一核心议题，于2014年10月在深圳行政学院成功举办了全国工商系统的专题研修班，受到了基层同志们的广泛好评。2014年11月，应总局行政学院邀请，派员赴深圳为地方党政领导干部工商行政管理专题研究班做专题公开评审演示教学，把真实的商标评审案件“搬”进课堂，受到了学院和全体学员的高度赞扬，收到了良好的效果。七是坚持问题导向，及时了解和解决新商标法及其配套法规规章实施后企业遇到的困难和问题。由商评委领导带队赴天津、安徽等地开展专题调研，召开了华东、华南、西南、西北四个片区地方工商部门、企业和代理机构代表参加的研讨会，查摆问题、交流经验、分析形势、明确任务，不仅有力推动了地方新法实施后各项工作的开展，也为开好商评委班子民主生活会搜集了很多宝贵的意见和建

▲ 2014年10月10日至15日，商评委在工商总局行政学院举办全国工商行政管理系统新商标法框架下的商标确权理论与实务操作专题研修班。

▲ 2014年11月28日，商评委在贵阳召开工商总局商标评审工作西南西北片区研讨会。

议。工商总局领导对此给予了充分肯定，张茅同志批示，商评委主动开展调研帮扶活动，取得成效，希望继续努力，多为基层和企业解决问题。并请俊臣同志批示。刘玉亭同志批示，请秀英、树军同志阅。在巩固群众路线教育实践活动成果上，商评委做得是好的。请注意宣传这方面的工作。刘俊臣同志批示，请商评委认真学习领会张茅同志的批示精神，扎实开展好调研帮扶活动。

四、创新举措，健全机制，有力维护商标确权领域公平竞争秩序

一是进一步加大制止恶意抢注行为的力度，有力遏制和打击商标确权领域内的不正当竞争行为。在案件审理中对涉及恶意抢注知名度较高商标的行为予以有力打击，及时撤销其抢注商标，有力维护商标领域公平有序的市场竞争秩序。相关企业和政府纷纷赠送牌匾、锦旗和感谢信，充分肯定和赞扬商评委“秉公执法、务实高效”的良好作风。二是进一步改进涉及驰名商标认定工作机制，推进驰名商标认定保护工作的常态化。对涉及重复认定保护的驰名商标案件，改进了以往各处集中提交、分批讨论的研究方法，采取“随报随议”，按职责权限审核的方式，既保证了驰名商标认定保护工作的有序、稳妥推进，又有效确保了相关案件审理标准的统一性。三是强化依法授权确权的示范引导作用，严格按照法定程序、原则和标准，依法审结了一批在社会上有较大影响、在审理上显示出较高水平、对今后案件法律适用具有较强借鉴作用的典型案例，充分保障了当事人的程序权利和实体权益。如奇瑞与腾讯 QQ 商标争议案历经十年之久，经商评委依法确权，维护了当事人的合法权益，引起了媒体广泛关注，在全社会形成了依法维护、正确行使商标权益的良好导向。两级法院均依法维持了商评委裁决。张茅同志专门作出批示，予以充分肯定。四是完善和运用好调解和解机制，更好地发挥促进社会和谐稳定的作用。在充分尊重当事人意愿并顾及社会公共利益和第三方权利的前提下，对不少重大复杂案件进行了成功调解。

五、强化国际合作，扩大宣传交流，着力树立我国依法确认和保护商标合法权益的良好国际形象

一是在案件审理中坚持国民待遇原则，平等保护国外当事人的商标权益，着力树立我国保护知识产权的良好形象。二是积极接待来访，增进了解。2014 年，共接待来自美国、欧盟、日本、英国、法国、泰国等多个国家和地区代表团来访 20 余次，就众多国内外关心的焦点案件、议题进行了宣传解释，为争取我国知识产权保护的合理诉求营造了良

好的外部环境。三是加强互动，取长补短。先后安排广大干部参加与美国、欧盟、日本、台湾等国家和地区共同组织的知识产权研讨会 8 次。并根据外事安排,先后派员赴美国、日本、欧盟、韩国、台湾等国家和地区考察 15 人次。通过研讨和考察学习等，进一步宣传展示我国商标确权保护事业的新进展和新成效，强化树立我国依法公正保护国内外合法商标权益的基本准则，也借鉴了国际先进经验，为推进商标评审事业创新发展奠定了良好的理论和实践基础。

第六章　商标法治建设

2014 年，是中国商标法治建设取得突破性进展的一年，国家工商总局积极配合国务院法制办，推动《商标法实施条例》修改工作圆满完成，于 5 月 1 日与新修改的商标法同步施行，我国商标法治建设水平进一步提升，为商标战略实施提供了有力法律保障。

一、《商标法实施条例》修订工作圆满完成

（一）积极配合国务院法制办做好《商标法实施条例》的修订工作

国家工商总局商标局积极配合国务院法制办开展新《商标法实施条例》的调研和意见征求工作，派员赴上海、南京参加国务院法制办开展的《商标法实施条例（第二次征求意见稿）》调研工作，参加国务院法制办召开的《商标法实施条例》部委征求意见会和意见协调会，在国家工商总局招待所召开专家、代理机构及企业征求意见座谈会，并逐条研究征求意见稿的反馈意见，对《商标法实施条例》修订内容进行详细解释和说明。同时，针对律师事务所从事商标代理业务的监管和地理标志等难点问题，积极与质检总局、司法部、农业部等相关部委进行沟通，推进新《商标法实施条例》顺利修订完成。

（二）《商标法实施条例》修改的主要内容

本次条例修改，主要是根据商标法修改内容对相关制度进行相应调整、补充、细化，并将商标审查、审理工作中一些比较成熟的做法上升到条例中，解决商标注册、管理、保护等方面的具体问题。主要内容包括：

1. 更加方便申请人注册商标。条例根据商标法修改内容，在方便当事人方面做出了多项规定，细化了商标法一些相关条款，使其更便于操作，更有利于社会公众简便快捷地办理各类商标申请事宜。一是明确外国人或者外国企业需指定中国境内文件接收人。二是明确不计入审查审理期限的期间。三是明确声音商标的申请条件。四是增加申请分割的操作程序。五是完善商标异议的具体程序。

2. 完善商标使用管理制度。一是明确商标已成为通用名称的撤销程序。二是细化

连续三年不使用的正当理由。三是明确商标使用许可备案的具体要求。四是明确未标明被许可人名称与产地的法律责任。

3. 加大商标专用权保护力度。一是明确“提供便利条件”的具体情形。二是规定将他人注册商标用作商品名称或者装潢构成商标侵权。三是细化违法经营额的计算。四是新增商标侵权案件中权利人辨认条款。

4. 新增“商标国际注册”和“商标代理”两个章节。一是明确商标国际注册规则。商标法修改前,关于商标国际注册的规则是由工商总局《马德里商标国际注册实施办法》规定的;修改后的商标法规定,商标国际注册的具体办法由国务院规定。为此,条例将《马德里商标国际注册实施办法》的主要内容修改上升为行政法规,规定了商标国际注册的范围,申请商标国际注册的条件、基本程序,以及审查商标国际注册申请的基本程序等,并就国际注册商标的有效期起算点、续展、转让、删减指定商品或者服务等与国内注册商标做法不同的方面专门进行了规定。二是加强商标代理监管。关于商标代理监管,商标法规定了商标代理机构的行为规范,并明确了商标代理机构违法行为的法律责任。条例对商标法的相关规定作了进一步补充和细化:规定商标代理机构包括从事商标代理业务的律师事务所,并规定了商标代理机构备案制度。对商标法规定的“以其他手段扰乱商标代理市场秩序”的行为进行具体规定。将商标法有关停止受理商标代理机构代理业务的规定予以细化,明确停止受理代理业务的期限为6个月以上直至永久,停止受理期满应予恢复受理,停止受理、恢复受理的决定应予公告。

修改后的《商标法实施条例》细化了商标注册、管理和保护制度,以进一步方便申请人注册商标、强化商标使用管理、加强商标专用权保护。《商标法实施条例》作为与商标法配套的重要行政法规,修改内容对于贯彻落实商标法、服务经济社会发展具有十分重要的意义。

二、积极做好新商标法配套规章和规范性文件修订工作

国家工商总局积极做好新商标法配套规章及规范性文件修订工作,圆满完成《驰名商标认定和保护规定》、《商标评审规章》的修订工作,并发布《工商总局关于商标代理机构备案有关问题的通知》。为确保新旧商标法有序衔接,制定发布《工商总局关于执行修改后的〈中华人民共和国商标法〉有关问题的通知》,规定了商标注册、商标评审、商标监督管理等在新旧法衔接过渡期间的适用问题。

为适应新商标法实施,商标局及时制定发布《关于商标注册申请分割业务说明及申

请注意事项的通知》、《关于新商标法实施条例施行前已受理且仍需补正商标注册申请件如何处理的通知》、《关于对商标代理机构申请商标注册的审查决定的说明》等文件，便于商标申请人了解并办理商标事宜。

三、认真开展新商标法及其实施条例的宣传培训和贯彻实施工作

国家工商总局以新商标法及其实施条例施行为契机，充分利用“4·26”知识产权宣传周、5月1日新商标法及其实施条例施行等时间节点，深入开展宣传活动。国家工商总局局长张茅接受新华社专访，副局长刘俊臣出席新商标法实施新闻发布会并回答记者提问。商标局及商评委有关负责同志参加人民网强国论坛在线访谈，解读《商标法实施条例》和《驰名商标认定和保护规定》。

▲ 2014年5月5日，国家工商总局在深圳举办全系统《商标法实施条例》暨第二届夏季青年奥林匹克运动会标志保护培训班。

各级工商行政管理和市场监管部门积极开展新商标法及实施条例的培训工作，国家工商总局举办全系统《商标法实施条例》暨第二届夏季青年奥林匹克运动会标志保护培训班，各省区市商标管理机构负责人、商标局各处处长以及南京工商系统有关人员共130余人参加培训。同时，大力支持各地开展培训工作，全年共派出60多人次赴各地授课，其中司局级

▲ 2014年4月29日，上海市工商行政管理局召开贯彻实施新商标法座谈会。

14 人次。通过培训，研讨交流热点、难点问题，深化工商干部对新商标法及其实施条例的认识和理解，提升对新商标法及其实施条例的实践运用能力。

▲ 2014 年 2 月，云南省举办全系统新商标法培训。

为了便于社会各界学习、理解和正确执行修改后的商标法及其实施条例，正确指导商标注册、运用、保护和管理，商标局、商标评审委员会组织编撰《商标法理解与适用》一书。该书既对立法背景和修改目的进行介绍，又对法律条文的含义进行解读，尤其注重结合商标审查和审理工作实践，逐条讲解商标法及其实施条例在商标注册管理工作中的具体适用，为全系统及社会各界学习理解新商标法、做好商标工作提供权威指导。

▲ 2014 年 4 月，甘肃省举办新商标法培训。

四、继续做好行政诉讼、行政复议案件应诉工作

2014 年，根据新商标法及其实施条例，商标申请书式等进行了重要调整。申请人对商标法律规定和商标注册申请程序尚不熟悉，因此，商标行政复议和行政诉讼案件有所增加。商标局严格依法行政，继续做好行政复议和行政诉讼的答复和应诉工作，全年共办理行政复议案件 230 件，行政诉讼一审、二审案件 33 件。复议诉讼主要案件类型为：商标注册申请不予受理、异议申请不予受理；注册、续展、变更等申请不予受理、注销不予核准等类型。

第七章　商标代理

2014 年，我国商标代理事业发展进入新的历史阶段。5 月 1 日，新商标法和实施条例同步施行，对商标代理行业提出了新的要求。新《商标法实施条例》设立代理专章，对商标代理机构业务行为的监管更加严格；商标代理机构备案机制不断完善，备案商标代理机构数量持续、快速增长。商标代理机构自律水平、业务水平不断提高，国际交流合作继续增强。

一、商标代理机构的基本情况

截至 2014 年底，我国商标代理机构总数为 20991 家，其中律师事务所 8417 家，新增经工商登记的商标代理机构 2024 家，新增律师事务所 195 家。自 2003 年以来，中国商标代理机构数量一直保持快速增长势头。

2002年以来经工商登记的备案代理机构总数

2003年以来年新增商标代理机构数量

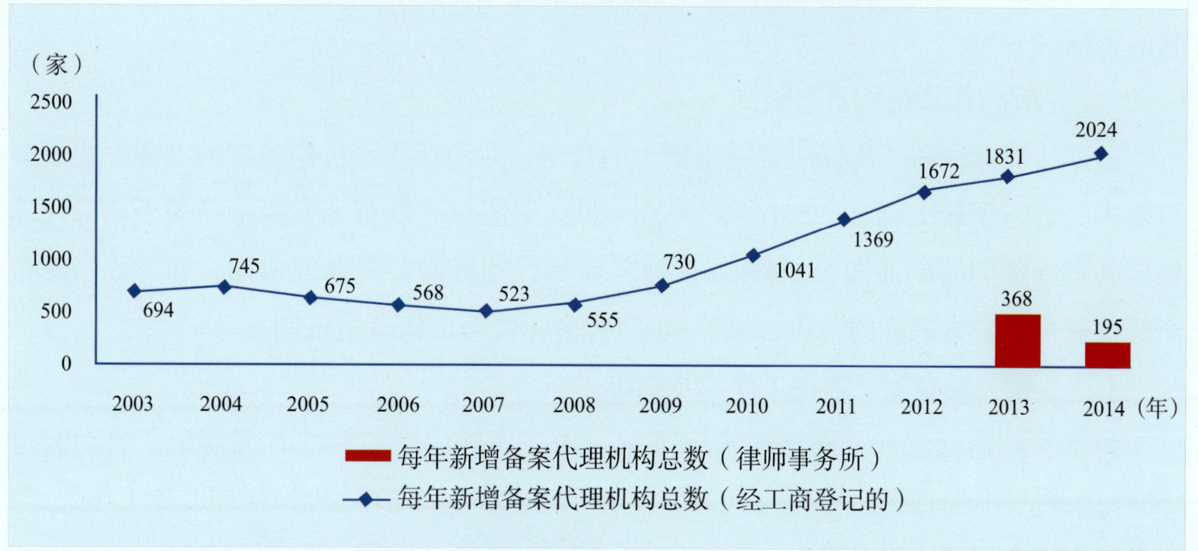

注：2013年另有集中备案的7864家律师事务所。

截至2014年年底代理机构总数为20991家

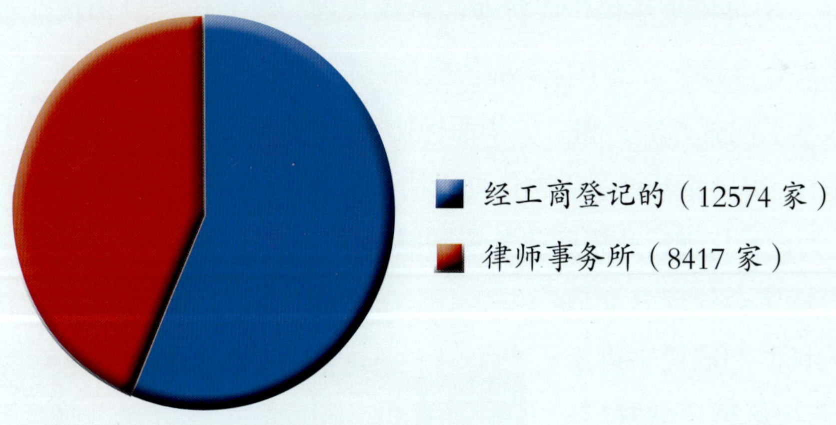

二、商标代理管理制度建设进一步加强

（一）新商标法和《商标法实施条例》对商标代理管理提出新要求

2014年5月1日，新商标法和《商标法实施条例》同步施行。新商标法第十九条、二十条和六十八条，规定了商标代理机构的权利和义务；明确了对商标代理机构实施违法行为应承担的法律责任；明确停止受理违法商标代理机构商标代理业务的强力措施；强化了商标代理行业组织的自律管理；提出了建立商标代理机构信用档案。《商标法实

施条例》首次设置了“商标代理”专章（第九章），进一步解释说明了商标代理机构的定义、开展业务的要求、必须遵守的规范和明令禁止的行为，体现了对商标代理行业监管的重视。

（二）完善代理机构备案机制

根据新商标法和《商标法实施条例》的规定，对商标代理机构备案的办理方式、材料要求等进行了较大调整。2014 年 7 月 14 日，工商总局发布《工商总局关于商标代理机构备案有关问题的通知》，商标局发布《商标代理机构备案办理须知》和《关于发布商标代理机构备案书式的公告》，进一步完善商标代理机构备案机制。

（三）相关配套规定制定工作稳步推进

为落实新商标法和《商标法实施条例》加强商标代理监管的有关规定，启动制定《商标代理信用信息管理暂行办法（草案）》和停止受理商标代理机构代理业务工作规程，相关工作正在积极、稳妥推进。

三、商标代理行业自律管理取得显著成效

（一）推进行业制度建设，加强行业自律

2014 年，为进一步加强代理行业的自律管理，提升代理机构执业水平，中华商标协会商标代理分会起草了《中华商标协会商标代理机构等级认定办法》、《中华商标协会商标代理人水平测试办法》和《中华商标协会推荐诉讼代理人办法》，于 2015 年 1 月 1 日起正式施行。2014 年开展了优秀代理机构会员评选活动，评出 50 家优秀会员代理机构。

（二）为商标代理行业拓展业务领域提供保证

中华商标协会代理分会依照《中华人民共和国民事诉讼法》第五十八条第三款规定，为会员出具诉讼推荐函，2014 年共出具司法诉讼推荐函 70 余份。

▲ 2014 年 10 月 9 日，青岛市工商局组织商标代理机构法律法规培训。

（三）加强商标代理人培训工作

2014 年 2 月、3 月、4 月以及 6 月，中华商标协会分别

在上海、江苏、广东、北京举办新商标法、《商标法实施条例》及相关法律知识培训，来自全国企业和商标代理机构的代表共计1200多人参加，其中绝大部分参加培训的代表来自商标代理机构会员，培训和学习效果良好。

（四）举办“中外商标代理机构圆桌会议”

在苏州“2014中国国际商标·品牌节”期间，中华商标协会代理人分会举办了“中外商标代理机构圆桌会议”，中外商标代理机构代表、商标领域的专家和商标局、商标评审委员会、商标审查协作中心工作人员共计200余人参加了“中外商标代理机构合作与发展论坛”，并就商标代理机构行业自律、合作发展等问题进行了深入研讨和交流。

（五）加强商标代理行业国际交流与合作

国家工商总局积极派员赴丹麦哥本哈根参加MARQUES年会，并在中国工作组主办的分论坛上发表演讲，就新商标法的修改背景及亮点进行介绍。“2014中国国际商标·品牌节”期间，举办了“中日交流座谈会”，中日同行在座谈会上就商标方面的有关问题进行了充分的交流。日本弁理士会代表介绍了日本商标保护制度中的特殊规定和日本驰名商标保护方面的情况，我国的商标专家对新商标法的规定和适用进行了详细阐述。

第八章　地方商标工作

2014年，全国各级工商和市场监管部门深入贯彻落实党的十八大和十八届三中、四中全会精神，以贯彻落实新商标法、推进职能转变为工作主线，以推进商标战略实施重点向有效运用和依法保护转变为抓手，加大商标监管执法和服务力度，提高商标注册、运用、保护和管理水平，进一步开创商标战略实施新局面，为服务改革发展做出了积极贡献。

一、不断强化体制机制保障，提高商标战略实施效能

全国各级工商和市场监管部门在近年来商标战略实施成果基础上，健全工作机制，优化发展环境，进一步拓展了推进商标战略实施的深度和广度。

北京市召开“贯彻落实新商标法推动北京商标品牌发展大会”。明确北京市实施商标战略的总体要求，提出培育“北京服务”、“北京创造”品牌，树立首都品牌形象的工作目标。与相关市委办局联合签署“北京市实施商标战略合作机制框架协议”，为企业实施商标战略提供政策支持。

天津市围绕“建设市级六大品牌基地、十大优势产业商标集群”和“民营企业品牌发展”主题开展调研，形成《关于进一步推进和完善我市农产品地理标志保护的建议》调研报告，更好地推动了商标战略工作开展。

内蒙古自治区编印2013年度商标发展报告，撰写《内蒙古农畜产品产业品牌化与地理标志（商标）管理运用的现状与前景》调研报告，召开“全区部分盟市商标品牌建设与非公经济发展座谈会”，深入推进商标品牌战略实施。

吉林省将商标品牌扶持措施纳入省政府制发的支持产业发展相关文件中，推动实现商标战略与各产业、行业政策有效衔接；推进商标品牌发展制度建设，制定《吉林省著名商标审查工作制度》；协调落实省政府品牌建设发展资金政策，不断优化商标发展环境。

浙江省出台《浙江省人民政府办公厅关于深入实施商标品牌战略的意见》并强化贯

彻落实；修改完善《浙江省著名商标认定和保护条例》，完善以名品培育为重点的商标品牌培育体系建设；继续开展专业商标品牌基地评价认定工作，建立商标创建水平考核指标体系，商标品牌战略政策环境逐步升级。

安徽省印发2013年度全省实施商标战略工作情况通报，制订2014年全省实施商标品牌战略工作计划，将工作目标分解到各市、省直管县，明确考核依据，推动各地各部门抓好工作落实。全省各地党委、政府十分重视实施商标品牌战略工作，研究制定政策措施，制订当地目标考核计划，召开工作推进会议，深入开展商标品牌建设。

江西省建立商标发展战略实施工作部门联席会议制度；全省设区市均以政府名义下发商标战略文件，相继召开商标战略推进大会，将商标战略由部门行为上升为政府行为；继续发挥商标战略示范城市带动作用。

山东省通报全省2013年商标发展与保护情况；拨付2014年商标战略实施专项资金，检查评估全省各级商标战略专项资金管理使用情况；积极推进全省商标监管服务信息化建设；编制《山东省商标建设发展规划》，完成《关于发挥工商行政管理职能促进全省农产品品牌建设的调研报告》。全省各地高度重视商标工作，积极组织召开商标工作会议、座谈会，印发相关文件，努力推进商标战略实施。

河南省召开商标战略实施工作领导小组第一次全体会议、全省商标战略实施工作推进会议，印发《2014年省辖市、直管县商标战略实施工作目标考核办法》。全省各地进一步修订或制定实施商标战略工作目标，出台扶持政策，健全领导机构，加快实施商标战略步伐。

▲ 2014年3月，河南省政府召开全省商标战略实施工作推进会议。

湖北省完成《全省工商系统实施商标战略工作报告》，健全品牌强省联席会议办公室工作机制，拟定全省品牌强省建设工作目标，制发《关于印发省品牌强省联席会议成员单位2014年度工作计划摘要的通知》，要求各成员单位积极推进品牌强省建设，召开全省农产品品牌示范基地建设现场会，部署推进农产品品牌建设工作，掀起了品牌强省建设热潮。

湖南省下发《关于大力推动商标注册 促进商标品牌发展的通知》，出台鼓励工商部门推动商标注册的措施。全省各地加大对企业商标注册的具体指导力度，有力促进了商标注册事业发展。

成都市印发《成都市商标战略2014年实施计划》，出台系列扶持激励政策，充分发挥"品牌服务专家团"智力优势，完成《成都市产区品牌发展战略研究报告》，持续深入推进商标战略发展。

贵州省制定《2014年度实施商标战略推进计划》，总揽商标战略发展；制定《2014年度实施商标战略推进县域经济发展工作计划》，要求各市州工商部门以企业为主体，以农民增收为核心，以特色经济为主导，指导企业培育商标，不断提高县域经济比重；制定《弘扬中华优秀传统文化规划》，积极发展文化服务业商标。

西藏自治区各地工商局自觉融入区域发展大局，争取当地党委政府支持，纷纷制订实施商标战略的意见和实施商标战略中长期发展规划，推动成立实施商标战略领导小组，协调组织召开特色农产品地理标志商标申报工作协调会议，充分调动各类市场主体积极性，商标战略实施取得进步。

陕西省召开新商标法宣讲暨进一步推进商标战略工作会议，安排新商标法解读和《中国制造与中国企业商标战略》讲座，部署进一步推进商标战略工作任务。

▲2014年4月，陕西省召开新商标法宣讲暨进一步推进商标战略工作会议。

甘肃省年初印发《2014年全省商标监管服务工作要点》，要求积极探索推动商标监管服务"五个支撑体系"建设，建立省、市（州）、县（区）、所四级分层分类监管服务工作机制，提高注册商标数量、质量，积极支持帮助甘肃特色商标注册、创牌和保护工作，努力提升甘肃特色商标品牌档次。

新疆自治区继续发挥各地商标战略工作领导小组办公室职能作用，各地区先后出台推进商标战略实施、加快品牌建设意见，推动商标战略稳步实施。

二、努力推动商标创造运用，促进经济社会发展进步

全国各级工商和市场监管部门立足当地经济特点，结合区域发展战略，创新服务手段，加强指导帮扶，坚持服务发展，推动商标发展和有效运用能力建设取得新突破。

（一）加大商标指导培育力度

山西省引导驰著名商标企业和其他有条件的企业培养商标专职管理人员，建立健全商标管理机构和商标管理档案，完善商标管理制度，不断创新自主品牌，有效提高企业商标管理水平。

长春市稳步推进商标培育基础工作,及时更新各级商标储备库，努力提升商标管理信息化程度，建立注册商标信息查询系统，提高商标管理效率；以“三书一函”为载体，切实推进“商标递进服务”；拓展“一所一标”内涵，开展“一所多标”工程。

黑龙江省为强化企业对网络域名注册重要性的认识，防止本省驰著名商标被抢注域名、竞争对手或他人恶意利用域名建假网站，组织举办驰著名商标顶级域名注册专题培训并深入各市地指导企业注册，有效保护了企业权益和声誉。

上海市积极扶持重点行业商标发展，对新兴电商、旅游、航运港口等行业的重点企业实施商标战略进行指导，尤其对在线旅游、在线游戏等企业的商标发展运作情况进行梳理分析，并予以业务指导；运用自主品牌建设专项资金，支持一批重点领域、重点行业企业开展自主品牌建设，支持一批有特色、有水平的商标公共服务平台建设。

江苏省积极参与筹备第六届国际商标品牌节，着力将其打造成为展示本省品牌建设成就和知名品牌形象的重要窗口，首创了商标节展览史上以展促销的新模式，现场销售额达 500 万元、电商平台销售 1.5 亿元、参展企业订单近亿元，受到广泛好评。

南京市以“护航品牌”专项活动为载体，下发开展“护航品牌”工作意见，在市、区两级建立护航品牌帮扶企业名单，明确具体联系人员，对各家帮扶企业开展“一企一策”的商标帮扶工作，积极推进为商标企业服务工作。

杭州市深化品牌基地与品牌指导站建设，完成对品牌基地、品牌指导站工作数据的

全面统计，摸清底数，积极推广典型品牌指导站工作经验，重点指导和鼓励在品牌基地、产业园区中建立运作正常、管理规范、服务有效的品牌服务指导站。

厦门市借由市台办和台湾商标保护组织等官方、民间窗口，加大宣传力度，鼓励台湾企业申报厦门市著名商标，用创新思维构建两岸商标保护合作机制取得新成效。目前，在厦门获得著名商标认定的台湾地区商标已达21件。

▲ 厦门市工商局为获得厦门市著名商标认定的台湾地区商标注册人授牌。

江西省以区域内产业集群为基础，建设特色鲜明的产业集群商标品牌培育基地，扶持现代服务业和中小企业商标建设，打造成支柱产业、传统产业、特色资源产业品牌集群，激发区域经济增长内生动力。

河南省工商局和许昌市人民政府主办了第十五届淮海经济区商标保护协作会议。会议发表《淮海经济区商标保护协作宣言》，提出以“公平、公正、诚信、互助”为准则，以“强化区域协作，保护商标权益”为基础，号召进一步巩固发展区域协作，加强商标权益保护。

深圳市升级商标预警管理软件，更新完善商标预警系统的商标数据库，为企业提供更具针对性的商标预警建议，受到企业广泛好评。

广西壮族自治区继续扎实推进“联百帮千扶万”行动，通过定期走访联系帮扶企业，从实施“商标强企”、“维权护企”、“融资助企”等多方面及时高效服务企业，把扶持企业落到实处。

海南省积极指导市场主体申请注册商标，组织全系统对辖区内农产品商标状况进行调查摸底并研究对策，有针对性地提升全省农产品品牌的知名度。

四川省在去年商标战略进园区工作的基础上，及时更新调整商标战略进园区企业名单，在2/3园区部署开展商标战略进园区工作，规范商标战略指导站（点）建设模式，积极推广其先进工作经验。目前，全省 148 个园区开展了商标战略进园区工作，建立了 126 个商标战略指导站（点）。

成都市以工业园区为载体,开展“走基层,进园区”走访服务工作,现场“把脉问诊”,帮助重点园区企业解决商标疑难问题。结合园区产业布局，把一批产业龙头企业和战略性新兴产业的重点企业作为重点培育对象，完善品牌梯级培育体系，探索建立园区商标战略工作模式。

青海省围绕打造“文化旅游强省”目标，强化对重点商标注册的服务，特别是采取“一对一”和贴近服务的方式，文化旅游商标注册有了突破性发展。

新疆自治区积极指导基层工商所、辖区街道办事处（社区）、乡镇团场联合开展商标品牌指导站建设，目前全区共建立指导站 210 个，为辖区经营户提供全方位的商标宣传、注册等服务，收效良好。

（二）扎实推进“商标富农”工作

北京市制定涉农商标、地理标志和集体商标培育工作计划，指导专业合作社、涉农企业、农民群众等注册和规范使用，打造“公司＋商标＋农户＋市场”发展模式。积极帮扶涉农村庄充分发挥集体商标、地理标志的作用，开展民俗村、观光旅游村建设，引导优势涉农品牌升级，使农民得实惠。

河北省深挖地理标志资源，对具备一定知名度、条件较成熟的地理标志资源进行重点培育指导。强化地理标志工作经验交流，组织人员向福建省学习先进经验。举办市、县工商部门和地理标志工作重点县（市、区）主管县长及有关行业协会、企业负责人参加的全省地理标志培训班，推动地理标志工作深入开展。

山西省大力开展“一企一商标”、“一村一品一商标”活动，指导地方相关组织注册具有地域优势、特定品质的地理标志。

哈尔滨市有针对性地加大地理标志商标工作力度，积极拓展“一所一标”内涵，指导和扶持特色农产品、企业实施商标战略，引导和鼓励“公司协会＋农户＋商标”的产业化经营模式，并在推荐省著名商标工作中，更加注意农业品牌培育。

安徽省结合省优势产业多、优势产品多这一实际情况，将地理标志商标注册作为一项重点，推动各地挖掘、整理、申报注册一批地理标志商标，不断推进全省农业产业化、品牌化进程。

福建省对全省地理标志商标企业开展“地理标志商标与区域经济发展”专题调研，实地指导并跟踪支持地理标志商标申请注册，加强地理标志商标宣传，提升地理标志商标的使用率和使用、管理、保护水平，进一步扩大地理标志商标惠农效应。

山东省开展农产品质量安全和品牌建设调研，形成《关于发挥工商行政管理职能促进全省农产品品牌建设的调研报告》。全年新增地理标志商标54件，地理标志总数达394件。

▲ 2014年5月，福建省举办闽西首届地理标志产品展销会。

武汉市各涉农区局调研辖区特色农产品情况，建立农产品企业商标基本情况台账，积极指导创农业品牌。制发《关于进一步深化农产品商标和地理标志培育工作的通知》，要求将地理标志项目纳入培育库。积极推行《地理标志证明商标运用及管理工作指导规范》，要求运用好地理标志，并指导相关行业协会印制地理标志商标标识。

湖南省各市州认真制定2014—2016年地理标志商标注册三年工作规划，引导相关行业组织积极申请地理标志商标注册；加大对本地特色鲜明、发展前景好的地理标志商标的培育力度，争取当地党委政府和相关部门支持，指导、帮助注册人加强地理标志商标运用、保护和管理，做大做强地理标志产业。

广西壮族自治区制定下发《关于加强地理标志商标培育和使用管理的通知》，要求各地在辖区内选择2—3个有发展潜力、具有地方特色的农产品地理标志作为培育发展重点进行指导帮扶，引导其申请注册证明商标或集体商标，并抓好执法保护。

海南省下功夫开展特色农业产业的分类指导。对无注册商标的，积极帮助其设计商标，引导其申请注册商标；对已有注册商标的，指导其正确使用和灵活运用商标，提高市场占有率；对于已具备条件的企业，指导其培育驰著名商标或地理标志商标。

贵州省强化农产品商标和地理标志工作，立足山地特色和资源优势，充分挖掘特色农副土特产品地理标志商标注册资源，培育发展一批具有地域、产业特色和农业产业化龙头企业，鼓励、引导农户和农村经济合作组织积极申请注册农产品商标，大力推广“公司（农村专业合作社）＋商标＋农户”的生产经营模式，实现农业增效和农民增收。

云南省召开全省工商行政管理局地理标志研讨会，出台《云南省工商局关于加强地理标志商标工作助推高原特色农业发展的指导意见》，为全省地理标志商标及产业发展夯实了基础。

▲ 2014 年 10 月，云南省召开全省工商行政管理局地理标志研讨会。

甘肃省深化“商标富农”机制，积极鼓励引导广大农民特别是农村合作经济组织、农业产业化重点龙头企业申请注册商品商标、服务商标。抓好地理标志证明商标的培育申报工作，指导企业运用“公司＋商标＋农户＋基地”生产经营模式，促进农业产业化、市场化，全面提升农业品牌的市场竞争力。

（三）探索商标权资本化运作

辽宁省各地认真贯彻《辽宁省商标专用权质押贷款暂行办法》和《关于进一步推进我省商标专用权质押贷款工作的意见》，积极宣传引导银行和企业对接，并主动帮助企业办理质权登记，有效推动了商标专用权质押贷款工作开展。

江苏省各地深入推进商标专用权质押贷款工作，有些地区联合本地银行推出“品牌银”商标权质押贷款，帮助中小企业通过组合担保方式增加贷款额度，有些地区促成当地银监局印发《关于推进 2014 年商标权质押融资工作的通知》，拓展企业融资渠道。

▲ 2014 年 12 月，浙江省台州市局联合温岭市政府召开台州市商标专用权质押贷款工作研讨会。

浙江省积极提升品牌社会化服务水平，台州市草拟《台州市商标专用权质押贷款工作指导意见》，举办“台州市商标专用权质押贷款工作研讨会”，针对推进商标专用权质押贷款工作中的难点问题开展分析研讨，进一步推进商标专用权质押贷款工作。

安徽省积极推进商标专用权质押贷款工作，全年共办理商标质押贷款 217 件，贷款金额 15.74 亿元，帮助企业解决融资难问题。

广州市支持企业开展商标权质押融资，联合商业银行、中介服务机构举办商标质押融资专题培训，提升企业商标运用能力。

四川省认真贯彻落实《四川省商标专用权质押贷款工作指导意见》，运行“政府指导、工商搭桥、银企对接、合作共赢”工作机制，进一步拓展商标融资渠道，商标质押贷款工作取得了显著成效，全年新增 21 家企业质押商标权贷款 53 亿余元，较去年增长 36%。

西安市指导企业开展商标权质押贷款工作，与有意向商标质押贷款企业进行座谈，解读《关于开展商标权质押贷款工作的意见》，为企业牵线搭桥，全年商标质押贷款 4.5 亿元。

（四）鼓励品牌走国际化道路

吉林省编制《出口企业商标国际注册相关信息备案登记表》，指导全省系统对进出口企业开展调查，宣传商标国际注册知识，鼓励运用自主品牌参与国际市场竞争。

厦门市积极推动企业开展马德里国际商标注册，筹办相关知识产权实务系列讲座，为企业和商标代理机构牵线搭桥，摸底汇总“2013 年度全市马德里国际注册商标名单”，进一步夯实企业进军国际市场的基础。

山东省利用世界知识产权组织副总干事王彬颖女士来山东访问时机，就深入马德里商标国际注册方面的务实合作进行会谈，进一步顺畅推进马德里商标国际注册工作的合作机制。各市纷纷通过开展调研活动、召开专题会议、出台通知、印发知识手册等形式，鼓励引导企

▲ 2014 年 5 月，世界知识产权组织副总干事王彬颖女士到青岛市调研马德里商标国际注册与保护情况。

业加强商标国际注册。

湖南省各市州完成本地出口企业商标国际注册、运用和保护的调查摸底，明确指导对象，强化工作责任，鼓励、引导出口企业利用马德里体系布局商标国际注册，保持马德里商标国际注册平稳较快发展。

广东省一方面推进粤港澳商标合作，确定与澳门海关建立联络员制度、完善粤港商标执法及案件协作处理机制、宣传研讨新商标法、开展品牌国际化建设等项目，核查香港海关通报的涉嫌侵权的广东企业，形成商标保护合力；另一方面加强商标国际交流，接访外方机构及人员，与美方在广州联合举办了“商标注册管理研讨会”，促进了对外交流。

▲ 2014 年 5 月 15 日，广东省工商局与美国专利商标局驻广州办公室在广州联合举办了“商标注册管理研讨会”。

深圳市继续利用知识产权专项资金，对辖区内企业海外商标布局予以政策资助，支持其尽快抢占国际市场，提高企业综合竞争力。

三、切实强化商标监管执法，营造公平竞争市场环境

全国各级工商和市场监管部门扎实深入开展打击侵权假冒专项行动，集中整治侵权和假冒伪劣突出问题，创新监管方式，改进监管手段，拓展监管领域，提升商标监管执法效能，有效维护了公平竞争的市场秩序。

（一）加强监管维权执法

北京市以服装、汽配、建材、电子等市场为重点整治业态，以危害人身及财产安全的小家电、儿童玩具、汽车配件、建材、电子产品等商品为重点整治商品，颁布《保护知识产权打击假冒伪劣专项整治行动方案》、《北京市工商局互联网领域侵犯知识产权和制售假冒伪劣商品专项整治方案》，严厉打击利用互联网销售假冒国际知名品牌商品的行为。

山西省继续以驰名商标、著名商标、涉外商标、地理标志为重点开展“双打”工作，

深入开展“五个一批”专项执法行动，即：查处一批违法犯罪案件，曝光一批典型案例，取缔一批批发销售窝点，打击一批违法企业和违法犯罪分子，整治一批问题比较突出的区域，对商标侵权行为保持高压打击态势。

沈阳市加强印制企业和商标代理机构监管，对印刷企业加强日常监管，坚持走访调查，贯彻落实《印刷业管理条例》、《商标印制管理办法》及印制企业五项制度，督促守法经营；对商标代理机构，及时了解掌握其执业资格和业务开展情况，查处其违法行为，组织其学习新商标法，督促建立和完善自律制度。

▲ 2014 年 4 月，沈阳市工商部门查处经销假冒“劳力士”等知名品牌手表案。

大连市建立全市商标代理机构和商标印制企业数据库台账，加大对其监管力度；与知识产权咨询和商标代理公司建立知名品牌保护合作关系，开展“指认打假”活动。

黑龙江省工商局会同省农委开展保护绿色食品商标专用权专项行动，整理发布《绿色食品商标信息统计表》，规范绿色食品证明商标使用，遏制非法使用绿色食品标识行为，打击侵犯绿色食品商标专用权违法行为。

上海市加强对商标侵权易发风险点的监管，收集整理监管执法信息，全面梳理排摸主要商业街（区）、服饰和小商品市场（商场）、特卖（展销）会场所，以及食品、农产品、建材等专业交易市场等易发商标侵权行为的风险点，评估划分重点监管区域，落实重点监管措施，采取错时执法、交叉执法、动态巡查和驻场巡查等方式，有效提高执法监管效能。发布《2013 年商标监督管理工作统计数据分析》，同时针对商标监管的改革问题和热点问题开展调研。

江苏省根据各地提交的重点商标保护申请，将具有较高知名度且有明确保护诉求的商标列入当年省重点商标保护名录并印发文件，在全省范围内开展专项行动，同时通过“华东六省一市协作网”等区域商标保护协作网络开展域外打假，扎实推进重点商标保护工作。

▲ 南京市执法人员正在查验一家青奥商品零售商店的授权证书。

南京市在青奥知识产权保护工作中，认真发挥牵头作用，先后制定出台《全市工商系统保护青奥行政执法工作方案》、《服务保障南京青奥会工作方案》、《青奥知识产权侵权线索移送规定》等文件，建立完善的工作体制机制。认真贯彻落实工商总局《保护第二届夏季青年奥林匹克运动会标志专项行动方案》，协助工商总局共同举办全国工商系统保护青奥知识产权培训班。坚持原则，反复协调，与其他部门合力执法，较好解决了广告管控、流动商贩销售侵犯青奥知识产权商品等问题，圆满完成了青奥知识产权保护工作。

宁波市根据各地上报的重点商品（或类别），从行业整治和地区治理出发，确定小家电、汽配、洗护用品、服装、酒类等40余项议题。各地针对“议题”实行重点打击和保护，加强了商标专用权监管的力度和广度。

▲ 宁波市监管人员上门检查商标使用情况。

山东省加强商标印制专项整治提高监管成效。自2014年2月起，在全省开展商标印制专项整治，共检查商标印制单位2960户，规范证照1262户，指导1507户单位健全完善印制制度，因整改不合格，依据《商标印制管理办法》等规定处理81户。有力打击了商标印制领域的侵权行为，净化了市场环境。

▲ 2014年5月，济宁市按照山东省工商局“商标印制专项整治行动”的统一部署，对辖区内商标印制单位开展调查摸底。

青岛市开展星级商标代理机构评选工作，召开全市商标代理机构工作会议，组织商标代理机构负责人签署诚信经营承诺书；开发商标代理信用监管系统，为商标代理从业人员颁发培训证书并录入监管系统，使其接受社会监督；部署开展全市商标代理行为专项整治行动，规范商标代理市场秩序。

湖北省在年度打击侵犯知识产权和制售假冒伪劣产品专项行动工作中，收集汇编一批商标侵权典型案例，指导系统执法办案；走访驰名商标企业，妥善处理新商标法施行后驰名商标企业遇到的实际问题，提升商标执法保护水平。

广东省按照“双打”专项行动部署，加大商标执法力度，取得突出成绩。全年共立案查处商标侵权、傍名牌及制售假冒伪劣商品行为案件 7 千多件，案值 1 亿多元；及时规范驰名商标企业的商标使用行为，落实新商标法禁止宣传驰名商标的规定，依法报送驰名商标认定案件请示并对认定驰名商标给予保护，为自主品牌创建保驾护航。

广州市大力开展打击互联网领域侵犯知识产权和制售假冒伪劣商品专项治理。对电商进行法律法规培训，指导知名网站规范使用商标，开展创建星级诚信经营网站活动，出台假货举报奖励规则，引导电商企业自律、携手工商部门共同打假维权；同时引导电商企业增加招商审核环节，探索建立网购商品质量抽检机制和开展网络企业分类监管，逐渐规范互联网营商秩序。

重庆市开展商标代理机构专项整治行动，全面核查掌握基本情况，探索建立信用分类监管制度；针对新商标法禁止驰名商标商业宣传的要求，开展政策宣传和行政提示，引导企业规范商标管理使用行为；以驰著名商标、地理标志、涉外商标为重点，严厉打击商标侵权行为，取得显著成效。

西藏自治区有效开展打击侵犯知识产权和制售假冒伪劣商品专项行动，自治区工商局与公安厅经侦总队联合打假溯源，初步建立了驰名商标产品保护司法协作机制，将驰名商标企业重点产品纳入公安部的打假溯源工作首批重点产品数据库，有效维护了市场秩序。

▲ 陕西省开展政企联动打假维权行动。

陕西省以涉外商标、驰名商标和商标印制企业为重点，组织摸底排查，及时发现违法线索；与公安、法院、检察院、知识产权等部门协作执法，形成监管合力；与企业联合打假，维护企业合法权益。

（二）构建保护长效机制

天津市根据国务院加强行政处罚案件信息公开工作要求，认真制定工作方案，成立“双打”案件信息公开工作领导小组，建立“行政执法案件信息公开平台”和“行政执法与刑事司法案件衔接信息共享录入平台”，同时公开案件录入信息，将此项工作纳入程序化、制度化轨道。

河北省建立全省驰著名商标企业联手打假网络，制定《河北省工商行政管理局著名、驰名商标维权网络工作制度》，驰著名商标企业可以直接联系省、市工商局商标工作负责人，反映企业商标维权中遇到的难题，实施联手打假。

内蒙古自治区建立完善企业名称核准驰著名商标保护机制，及时将2013年度驰著名商标名单录入企业名称预先核准信息系统，并将核准权下放到盟市局，有效保护驰著名商标企业的合法权益。认真落实商标授权经营制度，对进场商品商标和经营者商标使用相关法律文书进行备案，从源头预防和打击侵权假冒违法行为。

吉林省印发《吉林省流通领域商品质量抽查检验工作规范》、《关于促进网络商品交易及有关服务规范有序发展若干意见》，强化和规范监督管理工作；指导全省系统以国家和省级“诚信市场”为重点，推行“商标授权经营”制度；与商标印制企业建立联络员制度，增强商标印制管理和指导；落实“双打”行政执法案件信息公开规定。

▲ 吉林省工商局、长春市工商局在长春欧亚卖场举办“流通环节商标专用权保护座谈会”。

哈尔滨市积极推进商标监管下移。以突出执法职能、净化市场环境为主线，积极推进商标监管权限下放到所，完善监管措施，规范监管行为，促进监管到位。

杭州市加强对商标代理组织和代理人的行政监督管理，出台《杭州市商标协会商标服务指导体系》、《杭州市商标协会国内商标代理委托合同示范文本》、《杭州市商标代理行业诚信评价考核办法（试行）》等文件，促进商标代理组织的自我管理、自我规范和自我服务，建立政府引导、企业自律、行业规范、社会监督的行业经营发展模式，推动商标代理行业健康有序地发展。

福建省努力健全商标权保护工作机制。按照《福建省商标印制管理工作规范》严管商标印制企业，从源头上遏制商标侵权假冒行为发生；继续在大型商业零售企业、知名品牌专卖店推行商标授权经营制度；与高知名度企业建立商标维权联系，及时了解商标侵权情况并组织开展商标专用权保护行动；探索运用信息化手段建立商标保护网络。

济南市充分发挥工商行政执法与刑事司法相衔接联席会议制度的作用，加强与各行政执法、公安等部门之间的协调配合，建立信息通报、线索移送、案件协查机制，形成打击侵犯知识产权犯罪的合力。

深圳市在全市专业市场、大型商业零售企业、品牌专卖店等市场主体推行“商标授权经营和备案公示管理制度”，对进场商品商标进行备案、查验、审核，明确市场主办单位责任，引导市场经营单位完善内部管理和自律机制，自觉把知识产权保护工作纳入企业日常管理之中。

新疆自治区大力推进商标授权经营制度，组织召开全区商标授权经营制度经验交流现场会，为全面推行此项制度奠定良好基础；制定印发了《新疆维吾尔自治区工商系统重大商标案件预警及应急处理机制》；各地积极发挥与公安、农业、林业、质监、知识产权、民宗委文化、海关等部门的联合机制作用，加大横向监管频次，形成统筹协调、合力推进的良好局面，有效提高区域协作执法效能。

▲ 2014 年 3 月，新疆自治区召开全区商标授权经营制度经验交流现场会，与会代表听取市场开办单位介绍开展商标授权经营情况。

四、全面开展商标宣传培训，夯实商标战略发展基础

全国各级工商行政管理和市场监管部门以学习贯彻落实新商标法为契机，加大商标知识和商标工作宣传培训力度，为深化商标战略实施做好思想准备和能力储备。

天津市召开驰名商标企业工作会，解读新商标法有关驰名商标规定，引导合法运用

保护驰名商标。成立商标注册管理讲师团深入各区县开展新商标法专题讲座，大力推动商标注册工作。组织行业专题法律宣讲会及知识产权法律法规培训，营造良好商标品牌经营氛围。

河北省以省、市、县三级视频会议形式，对工商系统监管执法工作人员及驰著名商标企业人员进行新商标法及商标监管行政执法培训；对全省执法骨干举办新商标法专题培训班；针对新商标法对驰名商标宣传的规定，向各驰名商标企业、各市商标协会发放《河北省工商行政管理局商标工作建议书》进行提示和指导。

内蒙古自治区举办"全区工商系统商标监管执法培训班"，各盟市工商局先后举办了商标法培训班。多次派业务骨干到盟市及旗县局讲课、参加座谈或研讨会，为重点企业上门提供商标品牌创建咨询服务。

辽宁省举办全省工商系统贯彻落实新商标法视频讲座，组织全省工商系统开展贯彻实施新商标法宣传活动；在《辽宁日报》上开设"新商标法宣传月活动专栏"，宣传各级工商部门和驰著名商标企业近年来实施商标战略的丰硕成果以及贯彻新商标法主要措施。

大连市充分利用网络平台，加强与商标企业的信息交流，及时向驰名商标企业宣传新商标法对企业发展的影响，编发《商标与品牌》信息，加强与主流媒体合作，开设"新商标法解读"、"贯彻新商标法，保护商标专用权"专栏宣传新商标法。

长春市通过网络培训、举办讲座形式，开展新商标法系列培训；针对新商标法关于驰名商标的新规定，提醒驰名商标企业依照新法规范商标使用、包装装潢及广告用语。编制《长春市商标年鉴》，并在全国范围内发放宣传。以"4·26"世界知识产权日为契机，宣传本市驰名商标、著名商标、地理标志商标企业，召开"流通环节商标专用权保护座谈会"，商标宣传教育成果显著。

▲ 新商标法实施之际，黑龙江省绥芬河市工商局工作人员向俄罗斯消费者宣传讲解新商标法和怎样鉴别商品的相关知识。

黑龙江省下发《全省工商系统新〈商标法〉宣传活动方案》，指导各市地积极开展形式多样的商标宣传工作。在省级主要媒体上开辟专访、专栏，加大对全社会宣传力度，加强新法律新业务学习培训，组织参加“欧共体商标体系巡回研讨会”，掀起学习宣传新商标法高潮。

杭州市在国际动漫节、“4·26”知识产权宣传周等活动上做好相关知识产权的保护和宣传工作，针对淘宝网宣传网络经营的商标侵权风险及应对策略，防范知识产权违法活动，为企业权益保驾护航。

厦门市在原有的商标品牌馆被市政府授予“法治宣传教育基地”称号的基础上，又建设国内首个城市“网络商标品牌馆”，构筑“网上网下商标馆”双载体，打造新常态下商标工作新亮点。

▲武汉市工商局组织开展以“保护·运用·发展”为主题的知识产权宣传周活动。

武汉市开展以“保护·运用·发展”为主题的知识产权宣传周活动；开展新商标法宣讲季活动，有针对性地宣传商标管理、商标代理规范和实施商标战略等相关知识；举办商标代理机构培训班、驰著名商标企业新商标法培训班，通过全方位、多层次、广角度宣传，极大提升社会公众尤其是企业的商标意识。

▲2014年4月，广西壮族自治区举办“红盾讲坛”之“新《中华人民共和国商标法》”专题讲座。

广西壮族自治区举办“红盾讲坛”之“新《中华人民共和国商标法》”专题讲座，全区各级工商部门通过视频会议系统全员收看，有效提高了广大工商干部依法履职能力。

重庆市扎实开展新商标法宣传培训，召开全市商标工作暨新商标法专题培训会，举办“全市工商系统商标监管与发展电视电话培训会”，利用“4·26”世界知识产权日，积极开展以新商标法为主题的系列宣传活动，普及新商标法知识，进一步提高了全社会商标意识。

▲ 重庆市举办全系统学习贯彻新商标法培训会。

四川省在“4·26”知识产权宣传周期间，通过《华西都市报》选出“消费者最喜爱的100件四川商标”，提升引导品牌发展的效果。

▲ 2014年4月26日，四川省举办“消费者最喜爱的100件四川商标”颁奖礼。

云南省下发《云南省工商系统商标服务能手练兵竞赛活动实施方案》，在工商系统开展业务培训和岗位练兵活动，提升了商标监管干部的商标战略服务履职能力。

▲ 2014年4月4-7日，青海省在南京举办“大美青海，特色品牌——青海品牌商品南京推介会”。

青海省对全省工商干部和企业负责人以视频形式举办“青海省工商系统新商标法培训班”和“青海省企业代表新商标法培训班”；在《西海都市报》组织新商标法知识竞赛，开设“商标伴我同行——新商标法知识专栏”；在南京成功举办“大美青海，特色品牌——青海品牌商品南京推介会”，组织相关协会和农牧企业负责人赴江苏实地观摩学习商标品牌富农先进经验，商标品牌教育宣传取得实效。

宁夏回族自治区充分运用报纸、广播、电视、网络等多种媒体形式，宣传社会普遍关注的商标热点问题，在网上公布新商标法和商标法实施条例100题，在《宁夏日报》举办新商标法知识竞赛，及时引导企业正确理解新商标法对驰名商标禁止作商业宣传的规定，提高了广大社会公众商标法律意识。

第九章　国际注册与海外维权

2014年，国家工商总局商标局积极开展马德里商标国际注册宣传与培训工作，加大对国内企业进行商标国际注册的指导力度，大力支持我国企业商标海外维权，服务企业实施“走出去”战略取得显著成效。

一、继续推广马德里体系，做好国际注册宣传和培训工作

▲ 2014年9月18日，世界知识产权组织在南宁举办有效利用马德里商标国际注册体系巡回研讨会。

2014年，商标局继续加强马德里商标国际注册培训和宣传力度，与世界知识产权组织国际局合作，在广西、浙江举办了有效利用马德里商标国际注册体系巡回研讨会。商标局还派员分赴山东、河南、江苏、四川等地组织多场马德里商标国际注册培训，讲授马德里商标国际注册知识，推动企业树立自主品牌意识，为企业实施“走出去”战略提供便利服务。

根据世界知识产权组织国际局统计，2014年，我国国内申请人提交马德里商标国际注册申请2140件（一标多类），在马德里体系中排名第七，累计有效注册量达1.86万件；外国申请人指定我国的马德里商标国际注册申请20309件（一标多类），连续10年位居马德里体系第一，累计有效注册量达20.89万件。

二、加强信息化建设，推进国际注册申请便利化

进一步完善马德里电子通讯系统功能，在与世界知识产权组织国际局的共同努力

下，商标局实现了国际注册后续业务的电子数据收文，提高了工作效率和质量。及时更新中国商标网“国际注册”栏目内容，完善了“如何办理马德里商标国际注册”的内容，新增了“如何处理不规范通知”条目。为方便申请人，提高商标国际注册的便利性，重新设计完善了中文申请书和驳回通知书格式。

三、积极参与国际合作，提升我国国际地位

2014 年，商标局派员参加了世界知识产权组织国际局马德里体系法律发展工作小组第十二次会议，积极参与马德里体系发展前景的规划。落实工商总局与世界知识产权组织关于商品和服务数据库合作任务，对可接受的商品和服务项目进行了校对。

四、加大维权力度，支持国内企业维护海外商标权益

2014 年，商标局与各国商标主管机关加强合作交流，为企业提供有效建议，畅通维权渠道，帮助和支持有关企业在海外维权过程中积极主张权益。

▲ 2014 年 12 月 10 日，商标局副局长吕志华代表商标局接受江苏恒顺醋业股份有限公司赠送的锦旗。

江苏恒顺醋业股份有限公司“恒顺”商标于 2013 年在秘鲁被他人恶意抢注。得知相关情况后，商标局高度重视，迅速协助恒顺醋业公司研究分析相关国际条约和秘鲁商标法律规定，及时提起商标异议，商标局局长许瑞表同时致函秘鲁知识产权局局长，表达对该案件的高度关注。经过积极努力，秘鲁知识产权局于 2014 年 4 月作出商标异议裁定，恒顺醋业公司异议成功，对方败诉且未在法定期限内提起复审。至此，“恒顺”商标维权行动获得圆满成功。事后，该公司专程派员到商标局致谢并赠送“民族品牌卫士　跨国维权先锋”锦旗一面。

第十章　国际及港澳台交流与合作

2014 年，国家工商总局开展了一系列商标领域多边及双边交流合作项目，取得了显著成效。

一、积极开展多边领域的交流与合作

（一）与世界知识产权组织（WIPO）的交流与合作

2014 年，国家工商总局继续与世界知识产权组织（以下简称“WIPO”）保持密切的交流与合作。国家工商总局局长张茅先后会见了世界知识产权组织总干事弗朗西斯·高锐先生和副总干事王彬颖女士。7 月 11 日，在会见世界知识产权组织总干事弗朗西斯·高锐先生时，张茅局长表示，世界知识产权组织中国办事处于 7 月 10 日正式揭牌，是双方合作史上的又一座里程碑，国家工商总局将与世界知识产权组织一道巩固已有合作成果，促进中国企业顺利走向国际市场，共同推动知识产权事业不断发展。

▲ 2014 年 7 月 11 日，国家工商总局局长张茅会见来访的世界知识产权组织总干事弗朗西斯·高锐一行。

国家工商总局派员参加了世界知识产权组织的第 54 次成员国大会，并积极派员参加商标、工业设计和地理标志法律常设委员会第 32 次会议、执法咨询委员会第 9 次会议、第 24 届商标注册商品与服务国际分类尼斯联盟专家委员会、有效利用商标分类体系次区域研讨会、在中国商标节期间的马德里圆桌会议等世界知识产权组织的工作会议。

2014 年 12 月 1 日，商标局局长许瑞表会见了来访的世界知识产权组织主管新加坡条约的 Hopperger 司长和主管马德里自动化的 Wilson 司长。目前，双方正在就中国加入《商标法新加坡条约》、商标数据库检索、马德里体系的推广等问题进一步交换意见。

（二）与亚太经合组织（APEC）的交流与合作

2014 年，商标局派员参加了 APEC 第 39 次知识产权专家组会议，认真研究并积极提出会议预案，与各国知识产权专家进行了深入交流。

（三）商标五方会谈

2014 年 5 月 11 日至 13 日，商标局副巡视员吴群赴香港参加了商标五方会谈 2014 年中期会议。7 月，商标五方会谈分类专家技术会议在京召开，并同期召开了分类专家平行会议，来自欧盟、美国、中国、韩国、日本的二十多位代表参加了会议，就商标五方会谈下的商品和服务分类合作项目进行了讨论。12 月 1 日至 6 日，商标局副局长吕志华率团赴日本东京参加了商标五方会谈 2014 年年会，并调研了日本特许厅商标审查系统和图形检索系统。

▲ 2014 年 7 月 16 至 17 日，商标五方会谈（TM5）分类第二次专家技术会议在北京中国商标大楼召开。

二、积极开展双边领域的交流与合作

（一）中美

2014 年 4 月，商标局与美国专利商标局在北京召开了中美地理标志保护研讨会。7 月，积极配合美国专利商标局在北京召开了异议撤销和驳回复审研讨会。9 月 9 日至 14 日，商标局副巡视员夏青赴美参加了 2014 年中美知识产权工作组会议及知识产权海外交流活动，并派员参加了在商务部举行的中美知识产权工作组司局级会议。另外，国家工商总局还继续深化与美国驻华使馆、中国美国商会、美国知识产权律师协会、美国知识产权人协会等机构的交流合作，了解美方工作最新进展，宣传我国商标工作成绩，并就商标法及其实施条例的修改及实施等内容进行深入交流探讨。商标局相关人员会见了美国德克斯公司、美国和睦家医疗集团代表，就商标案件交换了意见，介绍了相关商标法律规定。

（二）中欧

2014年9月，在中欧知识产权IPkey项目框架下，国家工商总局与欧洲内部市场协调局在北京共同举办了中欧商标最佳实践研讨会，并在辽宁省沈阳市、黑龙江省哈尔滨市分别举办了欧共体商标巡回研讨会。

商标局积极派员参加中欧知识产权工作组会议、中欧知识产权机制圆桌会议和《中欧地理标志双边合作协定》的谈判等。

另外，国家工商总局还积极与欧方其他机构加强合作交流，2014年6月，国家工商总局副局长刘俊臣会见了欧盟委员会农业和农村发展总司总司长泽西·波格丹·普莱瓦先生。商标局副巡视员吴群还先后会见了欧盟内部市场与服务总司知识产权事务司长克丝汀·卓尔娜女士和欧盟农业与农村发展总司国际司司长、中欧地理标志协定欧方首席谈判代表约翰·克拉克先生，就中欧地理标志协定谈判等相关问题进行了磋商。商标局热情接待了欧盟驻华使团的来访，双方就中欧合作谅解备忘录下双边合作项目和中欧知识产权IPkey项目2015年合作计划进行了详细磋商。

（三）中英

2014年5月15日，商标局副巡视员吴群会见了英国商标和外观设计司司长史蒂夫·罗温先生。9月，国家工商总局与英国知识产权局在北京召开了中英商标研讨会。商标局还接待了英国BBC广播公司的来访，双方就驰名商标认定与打击恶意抢注等热点问题进行了讨论。

（四）其他国家和组织

在合作谅解备忘录框架下，国家工商总局与瑞士、韩国、法国、泰国、丹麦、非洲知识产权组织、非洲地区知识产权组织等国家、组织加强了合作与联系。2014年4月22日，国家工商总局局长张茅会见了来访的韩国驻华大使权世宁先生，商标局局长许瑞表参加了会见。12月5日，商标局局长许瑞表会见了法国工业产权局局长伊夫·拉普耶先生，双方交流了中法两局商标法律和实践最新发展，并就两局合作事宜进行了探讨和磋商。商标局副局长吕志华、副巡视员吴群会见了来访的丹麦专利商标局局长康叶波先生。商标局副巡视员吴群还分别会见了来访的瑞士知识产权局局长菲利克斯·阿道尔先生（Mr.Felix Addor）、泰国驻华使馆公使庄派吉先生。

商标局与韩国特许厅在北京召开了中韩商标专家会议，就商标法律制度、审查审理程序、恶意注册以及中韩两局合作等相关问题进行了热烈的交流讨论。继续举办第三期非洲英语国家知识产权研修班、第四期非洲法语国家知识产权研修班，对学员进行培训，宣讲中国商标制度和体系。法国拉菲酒庄、波尔多葡萄酒行业协会来访商标局，就相关商标案件进行了交流。

三、积极开展与港、澳、台地区的交流与合作

2014年8月20日，国家工商总局副局长刘俊臣会见了来访的香港知识产权署署长梁家丽女士，双方就商标领域共同关心的问题进行了交流。商标局积极派员参加2014海峡两岸商标研讨会论坛、2014年内地与香港、澳门知识产权研讨会。在《海峡两岸知识产权保护协议》的框架下，继续认真做好协处机制下的案件处理、优先权通报等相关工作。

▲ 2014年8月20日 工商总局副局长刘俊臣在北京会见香港知识产权署署长梁家丽一行。

四、进一步加强与外国使馆及知识产权机构的工作联系

国家工商总局继续加强与美国、欧盟、韩国、法国、英国等国家、地区商标主管机关、驻华使馆或知识产权机构的联系，了解各方工作最新进展，就商标法及其实施条例的实施等内容进行深入交流探讨，为加强对外宣传、树立我国保护知识产权的良好形象发挥了重要作用。

第十一章　商标宣传

2014 年，全国各级工商行政管理和市场监管部门以新商标法和《商标法实施条例》正式施行为契机，加大宣传力度，创新宣传方式，拓宽宣传渠道，为推进商标法治建设，提高商标运用和保护意识营造了良好氛围。

一、积极参与全国知识产权宣传周宣传活动

2014 年全国知识产权宣传周的主题为“保护、运用、发展”，国家工商总局继续作为成员单位，围绕主题，积极参与组委会组织的各项宣传周活动。4 月 22 日，国家工商总局副局长刘俊臣出席了国家知识产权局举办的 2013 年中国知识产权发展状况新闻发布会。会上，针对记者提问，刘俊臣介绍了新商标法实施对商标注册、运用、保护、管理等方面产生的影响，以及工商部门下一步贯彻落实新商标法的工作安排。同日，由国家工商总局组织编写的《中国商标战略年度发展报告（2013）》（中英文版）正式向社会发布，并向相关国家部委、地市级以上人民政府、全国县级以上工商行政管理机关赠阅，广泛宣传 2013 年全国商标战略实施工作的新情况和商标工作取得的新成绩，大力推进“尊重知识、崇尚创新、诚信守法”为核心的知识产权文化建设。

▲ 2014 年 4 月 22 日，国家工商总局副局长刘俊臣出席 2013 年中国知识产权发展状况新闻发布会。

各地工商和市场监管部门结合“4 · 26”知识产

▲ 2014 年 3 月 20 日，河南省工商行政管理局、河南省电视台主办的“大河印记——河南省推进商标战略行动暨‘品牌河南’活动”启动仪式现场。

权宣传周，依托报刊、电视、户外牌匾、宣传单等媒体，组织开展丰富多彩的宣传活动，大力宣传商标战略实施的丰硕成果和商标法治建设的相关知识。福建省厦门、福州、泉州等地设立商标馆，为商标法治宣传普及教育、商标战略推广提供重要载体；青岛市局举办“商标走进百姓生活”为主题的系列宣传活动；河南省举办“大河印记——河南省推进商标战略行动暨‘品牌河南’活动”启动仪式；吉林、黑龙江等地制定下发知识产权宣传周宣传方案，加强对宣传活动的组织领导；江苏、湖南、广东、重庆、陕西等地召开了知识产权保护状况新闻发布会；天津、长春、江苏、成都、贵州、陕西、新疆等地以发布商标年鉴、商标发展报告、商标保护状况白皮书等形式记录、宣传商标工作最新进展。各地还创新运用新媒体手段加大宣传力度，南京市开展了“4·26”世界知识产权日微博、微信“双微并行”主题宣传活动；广东省在省局门户网站、腾讯大粤网开设新商标法宣传专栏或专题网页。

二、切实做好新商标法实施的各项宣传工作

2014 年 5 月 1 日，新商标法和《商标法实施条例》正式施行。按照工商总局统一部署，全国各级工商行政管理和市场监管部门紧密围绕新商标法和《商标法实施条例》的正式施行和配套部门规章的修改，开展了一系列形式多样的宣传活动，取得了较好的社会效果。

（一）加强组织领导，周密安排部署

国家工商总局领导高度重视新商标法和《商标法实施条例》实施的宣传工作，多次作出专门部署，并审定了《开展“4·26”知识产权宣传周暨新商标法实施系列宣传活动的工作方案》，为做好新商标法实施宣传奠定了组织基础。

（二）召开新闻发布会，增强宣传效果

2014 年 4 月 25 日，国家工商总局举办了新商标法实施新闻发布会，总局副局长刘俊臣、商标局局长许瑞表、商评委主任何训班出席新闻发布会，宣传中心主任黄建成主

持发布会，共25家中央媒体和局属媒体参加了发布会。会上，刘俊臣向媒体介绍了商标法修改的重点内容、工商部门为新商标法实施所做的各项准备工作，以及下一步工作思路。许瑞表就社会公众关注度较高的驰名商标保护制度以及对违反商标法规定进行驰名商标宣传的行为将如何进行处罚的问题进行了详细讲解。何训班重点介绍了商标评审工作取得的成绩。通过召开新闻发布会，集中回应了社会关切，增强了宣传效果，在全社会营造了学习新法、宣传新法、贯彻新法的舆论氛围。

（三）配合中央媒体，加大宣传力度

新商标法及《商标法实施条例》正式施行前，国家工商总局局长张茅接受了新华社访谈，新华网于4月29日发表了题为《工商总局局长张茅谈即将实施的新商标法：注册申请更便捷　维护权益更有力》的访谈文章。商标局局长许瑞表接受了央视新闻直播间栏目记者采访，就社会关注的热点问题进行解答，并于新商标法施行当日播出。商标局、商评委还围绕新《商标法实施条例》和新修订的《驰名商标认定和保护规定》在人民网强国论坛举办了两期在线访谈，商标局副局长闫实、副巡视员吴群，商评委副主任李志军及相关处长作为嘉宾接受访谈，充分发挥人民网权威性强、覆盖面广、公众参与度高的优势，宣传商标工作和政策法规，增进社会公众对商标工作的了解。

▲2014年7月18日，商标局副局长闫实接受人民网强国论坛访谈。

（四）创新宣传方式，深度宣传解读

国家工商总局充分发挥局属媒体密切联系系统，贴近基层一线的优势，开辟专栏，发布专刊，深度解读新商标法。《中国工商报》出版了迎接新商标法宣传特刊，开设了《走进新商标法》、《商标处长谈新商标法》、《新法解读》等专栏，在系统内外产生了良好的效果，形成了宣传强势。2014年3月—4月，由商标局主办，工商报社承办的新商标法知识竞赛顺利开展，竞赛题目除在中国工商报上连续刊登4期外，还同时在中国商标网、搜狐网、腾讯网上刊登，影响面广，社会公众踊跃参与。竞赛共收到答题卡1万多份，参赛者既有律师、工商干部等专业人士，也有企业职工、在校学生、离退休人员。在

▲ 2014 年 5 月 29 日，湖南省举办全省工商系统新商标法培训视频会议。

《工商行政管理》（半月刊）举办了新商标法实施有奖征文活动，各地工商干部踊跃参加，交流工作经验，分享学习心得，共收到征文百余篇。通过互动式的宣传，在全社会掀起了学习贯彻新商标法和商标知识的新高潮，取得良好的社会效果。

各地工商和市场监管部门通过召开新商标法实施座谈会和培训班，解读新商标法和《商标法实施条例》，加强新商标法的贯彻落实。同时还积极创新宣传方式，面向相关企业、代理机构等开展有针对性的指导和培训。天津、济南、武汉、深圳、广西、海南、陕西、新疆等地组织工商干部走向街头，深入社区，发放新商标法宣传资料，开展新商标法专题培训，为市民提供商标法律咨询服务。河北、济南、青海、宁夏等地通过座谈、走访等方式引导驰名商标企业正确理解和遵守新商标法关于对“驰名商标”禁止用于商业宣传的规定，江苏、浙江、宁波、福建、青海、宁夏等地在辖区内开展新商标法知识竞赛，面向全社会普及商标法律知识。

▲ 2014 年 4 月 21 日，海南省工商干部在街头设置咨询服务台，宣传新商标法知识。

三、扎实做好网络宣传和政务公开工作

▲ 2014 年 4 月 24 日，济南市工商局组织全市驰名商标企业召开座谈会，解读新商标法。

国家工商总局充分发挥中国商标网社会关注度高、点击量大的优势，继续完善网站无形窗口的信息公开和公共服务功能，提升宣传效果。注重加强对地方商标战略实施

工作情况的发布，全年共发布商标工作信息近600条。针对新商标法实施带来的业务流程及书式的调整，及时发布各类通知公告，包括《工商总局关于执行修改后的〈中华人民共和国商标法〉有关问题的通知》、《关于发布商标业务新版申请书式的公告》、《关于启用新版〈商标公告〉及〈商标注册证〉的公告》、《关于启用新版商标注册网上申请系统的通知》、《关于商标注册申请分割业务说明及申请注意事项的公告》等共十余件，为商标申请人和社会公众按照新商标法办理业务提供了便利。全年共组织专人回复网上公众留言4184件，同比增长62%。针对社会公众关心的热点难点问题，如声音商标的审查标准、一标多类的商标转让一个或几个类别的办理流程，及时研究答复意见并更新中国商标网常见问题解答栏目，主动为申请人释疑解惑，受到公众好评。

四、继续加大打击侵权假冒工作宣传力度

2014年，国家工商总局围绕打击侵权假冒工作重点，在“3·15”消费者权益保护期间通过媒体发布了商标权保护典型案例。充分利用“4·26”知识产权宣传周、5月1日新商标法及其实施条例施行等时间节点，主动及时发布权威信息，大力宣传打击侵权假冒工作取得的进展和成效，全面开展打击侵权假冒舆情监测、舆情预警和舆情专报工作，向社会展示了工商和市场监管部门打击侵权假冒工作的成果。上海、福建、武汉、湖南、四川、云南等地在知识产权宣传周期间发布商标保护典型案例，提升全社会商标保护意识和能力。

第十二章　商标基础建设和信息化建设

2014年，商标信息化建设取得新进展，商标档案管理规范化进程稳步推进，商标注册管理与公共服务信息化水平进一步提高，为做好商标注册、运用、保护和管理工作提供了有力保障。

一、商标档案管理工作更加规范高效

（一）商标档案管理制度进一步落实

按照《机关档案工作条例》、《商标档案管理暂行办法》、《商标档案归档范围及保管期限表》规定，2014年1月2日圆满完成首次商标文件资料清理销毁工作，清理销毁超过保管期限的商标业务文件资料共计92吨，保证了商标档案库容的周转利用。严格执行商标档案库房日常巡查制度，在汛期及节假日加强检查，有效确保商标档案保管安全。

（二）商标档案管理规范化程度进一步提高

档案日常管理更加规范有序。全年共清点接收各类档案文件202.3万件，完成95.4万件商标基本档案的立卷工作，完成142.3万件商标档案归卷工作，完成商标档案电子化扫描1113.6万页。

（三）商标档案服务水平进一步提升

2014年全年对外接待档案查询796人次，打印复制商标档案材料2.99万张，出具商标注册证明20188件，调阅商标档案8867件。

（四）商标公告及商标注册证改版工作圆满完成

为适应新商标法要求，国家工商总局商标局及时启动商标公告和商标注册证改版工作。自2014年5月起，商标公告采用新版刊发，同时将商标公告电子版在中国商标网上长期发布，并增加了检索查询、打印输出等功能。新版商标注册证对注册证项目进行了调整，增加了条形码信息，修改了版式，并采用多项防伪技术。

二、商标信息化建设稳步推进

（一）商标注册与管理自动化系统三期工程正式上线

▲ 2014 年 7 月 25 日，国家工商总局副局长刘俊臣到商标大楼检查三期系统上线运行情况。

为适应新商标法的要求，国家工商总局商标局、商标评审委员会、商标审查协作中心积极配合信息中心和系统开发商做好商标注册与管理自动化系统三期工程正式上线工作，确保实现二期系统与三期系统的平稳过渡。从 2014 年 4 月起，相继组织开展了商标自动化数据库的数据转移、新系统上岗培训、各业务部门分批上线和业务软件测试工作，为商标工作提供稳定高效的信息化支撑。

（二）做好数据统计及主机维护工作

及时完成商标注册主要数据的统计，继续按季度发布全国省、市、县三级申请量、注册量和有效注册商标量等商标注册主要统计数据。按要求做好审查工作量和商标审查工作日报、周报的统计工作，对审查工作进行实时监控和调度。加强主机巡检和系统维护，确保整个计算机系统长期正常运转，为确保完成商标审查任务提供技术保障。

（三）为完善网上服务系统做好技术支持

继续坚持网上查询系统和内部审查系统的每周数据同步更新，为社会公众提供最新的商标数据信息。及时办理商标代理机构新申请商标数字证书 810 件，变更和续期数字证书 294 件。截至目前，已有 9249 家（包括 944 家律师事务所）商标代理组织可以通过网上申请系统提交商标注册申请。

第十三章　商标队伍建设

2014 年，在国家工商总局党组的坚强领导下，商标局、商评委认真落实机关党建工作责任，坚持围绕中心、建设队伍，以改革创新精神和求真务实作风，全面加强班子建设、队伍建设、作风建设和党风廉政建设，同时进一步加强对全系统商标管理机构人才队伍建设的指导，为商标事业改革发展提供了坚强组织保障和人才保证。

一、商标局干部队伍建设取得新成效

（一）切实加强思想政治工作，打造政治过硬干部队伍

一是通过组织参加轮训班、辅导报告、集中研讨、个人自学等方式，组织党员干部深入学习贯彻习近平总书记系列重要讲话和党的十八大、十八届二中、三中、四中全会精神，进一步坚定“三个自信”。二是加强思想政治工作，加强政治纪律、政治规矩和组织纪律教育，引导党员干部牢固树立正确的世界观、权力观、事业观，坚定不移地推动落实中央及工商总局党组的决策部署。三是加强学习型党组织建设，配合工商总局和机关党委、人事司、行政学院等单位做好干部教育培训工作，选派了 8 名同志参加各级党校班学习，着力提高广大党员干部的理论水平和党性修养。

（二）落实从严治党要求，不断加强党组织建设

一是聚精会神抓党建，把党建工作与商标业务工作紧密结合，做到与年度商标工作同部署、同落实、同检查。二是把教育实践活动整改落实工作中涉及的党建工作突出问题整改与年度党建工作紧密结合，逐条分解落实，明确责任到人，推动解决重点、难点问题,取得明显成效。三是坚持把贯彻执行好民主集中制作为加强班子建设的根本任务，落实集体领导和个人分工负责相结合的机制，严格按照《商标局党委工作规则》做好各项工作。充分发扬民主，坚持广泛听取党员、群众意见，认真按照党务公开实施方案和目录做好党务公开工作，严格落实党员的知情权、参与权、选举权、监督权，自觉接受监督。四是严肃党内生活，组织落实好“三会一课”、民主生活会、党员党性分析评议

等制度，严格执行党员领导干部双重生活会制度，引导全局党员干部以整风精神开展批评与自我批评。五是加强对党支部工作的指导，督促各党支部严格按照规定做好支部改选、补选工作，支持各党支部结合实际开展支部活动。积极组织参加总局各项学习培训、主题实践活动，深入开展学习讨论，及时报送各类征文和学习材料。严格做好党员发展和管理工作，全年发展新党员 3 名，确定发展对象 2 人，按期转正党员 8 人。

（三）深入学习贯彻中央八项规定精神，持之以恒反对“四风”

一是认真学习贯彻中央八项规定精神、《党政机关厉行节约反对浪费条例》和工商总局各项规章制度，切实把握规定精神，把思想和行动统一到中央要求和总局部署上来。强化正风肃纪，及时通报教育警示典型案例。二是进一步推进厉行勤俭节约各项措施的贯彻落实。大力推进节约型机关建设，切实按照总局统一规定规范因公出国、公务接待、公务用车、办公用房，减少“三公”经费支出，积极配合开展办公用房清理整改工作，严格按规定使用办公用房。三是加强对党员干部落实中央八项规定精神情况的督促检查，抓好节假日重要时间节点防控，坚决杜绝隐形“四风”问题，严厉抵制公款吃喝、公款旅游、公车私用、出入私人会所活动、收受节礼礼金等不正之风。四是加强制度建设，构建反“四风”、转作风的长效机制。严格执行窗口服务规范、对外咨询服务工作规范、干部廉政行为规范等制度，加强对制度执行的监督检查，用制度机制巩固作风建设的成果。

（四）巩固和拓展教育实践活动成果，充分发挥商标服务经济社会发展的职能作用

一是积极应对商标申请量快速增长、三期系统故障导致审查严重积压和商标审查法定期限的多重压力，通过采取调整充实审查力量、强化任务定额管理、相关工作人员加班加点等措施加快审查进度。二是以落实“四难”问题专项整治、优化窗口服务为抓手，提升服务水平。着力推进作风建设制度化、常态化，制定商标注册大厅和驻中关村办事处窗口服务规范，加强软硬件建设，严明工作纪律，严格依法行政、文明服务，窗口整体服务质量明显提高。制定对外咨询服务工作规范，及时在网上公开答复公众反映集中的重点问题。三是加大商标知识产权保护和运用力度。深入开展打击侵权假冒工作，加大商标专用权保护力度，推动商标质权融资、地理标志注册保护、商标国际注册等工作取得新成绩。

（五）全面落实党风廉政建设主体责任，切实防范廉政风险和监管风险

一是组织制定商标局党委关于落实党风廉政建设主体责任实施方案，认真履行“一岗双责”。二是坚持做到廉政教育常态化、长效化，加强党员干部理想信念、党性党风

▲ 2014 年 10 月，工商总局巡视组召开巡视工作动员会，对商标局开展巡视工作。

党纪、廉洁从政和正反两面典型教育，组织党员干部认真学习贯彻《廉政准则》各项规定。推进廉政文化建设，组织党员干部积极参与廉政建设新规答题、中央国家机关廉政文化建设“清风”主题书画扇面创作等活动，促使每一位党员干部自觉筑牢廉洁从政意识。三是强化对权力运行的制约和监督，切实防范廉政风险和监管风险，推进实施《商标局干部廉政行为规范》，进一步明确商标各业务岗位行为准则，强化权力约束和监督机制。结合三期工程建设，积极推进电子监察，运用信息技术实现商标业务流程控制，有效防范廉政风险。四是狠抓监督检查措施落实，确保党风廉政建设取得实效。严格执行《关于领导干部报告个人有关事项的规定》，认真组织督促商标局处级以上干部按规定如实填写报告个人有关事项。积极协助总局机关纪委和驻总局纪检组监察局履行职责、开展工作。对总局领导指示调查的有关问题，认真负责做好调查和上报工作。积极配合总局巡视组开展工作，全面审视工作不足，有针对性地做好整改工作。

（六）发挥群团组织桥梁纽带作用，加强文明和谐机关建设

大力支持工青妇组织开展各类文体活动，丰富机关文化生活，增强干部队伍的凝聚力和向心力。一是指导商标局分工会完成换届工作，大力支持商标局干部职工开展工间操和各类文体活动，积极组织干部职工参加总局职工运动会并举办了商标局选拔赛，

最终商标局在总局职工运动会上获团体总分第一名。开展“商标审查员札记”征文活动，鼓励干部职工树典型、学先进，多篇文章在《中国工商报》上刊登。二是坚持党建带团建，积极组织团员青年参加“青年文明号”创建、“传承五四精神践行青年使命”主题团日、青年读书交流、“根在基层”调研实践、首都保护知识产权志愿服务、“春节见闻”征文等活动，4名团员青年被评为总局机关优秀青年，商标局团总支荣获“中央国家机关最具活力团支部奖”。

▲ 2014 年 10 月 30 日，商标局分工会召开会员代表大会，总结本届商标局分工会委员会工作并选举产生新一届委员会。商标局党委专职副书记欧阳少华出席会议。

▲ 2014 年 10 月 28 日，国家工商总局在北京玉渊潭公园举行首届职工运动会闭幕式。商标局在此次运动会上获得团体总分第一名。

二、商评委干部队伍建设展现新面貌

（一）认真围绕打造高素质党员干部队伍，推进学习型机关党组织建设

一是以理想信念为核心，不断提高领导班子和广大党员干部的政治素养。把理论学习作为首要任务列入党委年度工作计划，通过自觉学、集中学，讲党课、开展交流学习、研讨等方式，认真学习马克思主义理论特别是中国特色社会主义理论体系，深入领会党的十八届三中、四中全会精神和习近平总书记系列重要讲话精神。坚持把认真落实“三严三实”要求，深学细照笃行焦裕禄精神和向全国工商系统先进党组织、优秀共产党员学习及向身边典型学习结合起来，引导大家对照标杆找差距，切实增强反对“四风”的自觉性。二是以知识更新为目的，不断优化广大党员干部的知识结构。

注重发挥各党支部的积极性，开展内容丰富、形式灵活的交流学习，并在支部学习的基础上组织全委学习交流会，增进学习效果。同时，着重结合商标评审委员会实际，围绕立德树人目标，积极开展社会主义核心价值观学习教育活动；组织广大团员青年开展“传承‘五四’精神 践行社会主义核心价值观”主题座谈会；及时跟进时事典型案例教育，促进广大党员深化思想认识。三是以能力建设为中心，不断增强广大党员干部的实践能力。引导广大干部结合新商标法的学习，撰写学习体会，并开展案例互动教学和研讨，通过深入研究把握商标确权领域的新趋势、新课题，增强工作的原则性、系统性、预见性和创造性。

（二）认真围绕落实以人为本、执政为民要求，推进服务型机关党组织建设

一是深化调研走访，强化服务导向，切实做到围绕发展抓党建、抓好党建促发展。在新法实施任务重、时间紧的情况下，先后深入北京、天津、安徽、山东、贵州等地基层工商部门及相关企业走访调研，倾听基层同志对评审工作的意见建议。二是丰富服务形式，突出服务主体，不断提升服务发展的能力和水平。进一步深化与地方工商局定期通报信息制度、业务联系点制度，细化统计分析数据，及时宣传普及新商标法业务知识。不断强化对委内干部职工的关心和帮扶，积极帮助大家协调解决晚间加班就餐难、夜间办公区域采暖不足、办公用房紧张等困难，及时组织人员到生活困难的干部职工家庭慰问走访，帮助他们解决实际问题。三是积极构建多层次、全方位、广覆盖的联系服务群众实践载体，推动机关作风进一步转变。扎实强化案件受理、咨询接待、电子平台“三个窗口建设”，专门就三期迟延上线问题做好舆情分析，形成咨询解答预案，适时通过总局网站和商标评审委员会网站对外发布公告。不断强化电子窗口建设，进一步充实网站功能，优化栏目设置，丰富栏目内容，及时发布商标评审理论创新成果、工作动态、典型案例等信息；专门设立了“学习贯彻习近平总书记系列重要讲话精神”专栏、“商标评审委员会典型事迹”专栏；进一步创新互动形式，主动提供网上咨询、便民问答、监督投诉等服务，自觉接受社会的监督。

（三）认真围绕从严治党和凝聚人心的要求，推进创新型机关党组织建设

一是创新制度建设，建立健全反对“四风”的长效机制。围绕作风转变，制定了认真落实中央八项规定的工作细则和落实《党政机关厉行节约反对浪费条例》的长效机制；以强化调研走访、深化服务基层为目标，制定了《调研工作制度》、《联系点工作制度》；完善了《考勤工作制度》、《会议制度》和《干部请休假制度》等。紧扣群众反映的突出问题，完善了廉政勤政各项规定。为确保案件审理人员廉洁办案，制定了《商标评审工

作人员“十不准”》；以强化窗口服务和监督为目标，制定和修订了《窗口服务规范》、《工作接待制度》等。积极回应群众关切，对商标行政授权确权各项权力运行进行了进一步细化规范。为进一步规范履行法定权限和职责，对《商标评审规则》进行了第三次修订；为强化对内监督和案件评审流程管理，修订完善了《案件审理工作制度》、《案件提前审理规定》和《商标注册程序性争议行政复议工作制度》。二是创新监督制约机制，切实推进制度执行。严格落实党风廉政建设责任制，突出领导带头，坚持民主作风，落实主体责任。主要负责同志自觉做到认真落实“一岗双责”，带领班子成员强化表率作用，坚持做到在自觉严格遵守各项规章制度的同时，着力管好自己的“责任田”。在重要事项决策和重大疑难案件讨论中，班子内部充分发扬民主，严格遵行主任办公会、委务会等会议制度、议事程序和决策机制。同时，坚持对党员干部开展勤俭节约、廉洁从政教育。以信息化建设为平台，构建严格执行制度、强化检查监督的长效机制。充分发挥多渠道监督作用，不断提高监督效能。严格落实领导班子对案件审理工作的抽查监督制度。从严格考勤工作入手，坚持抓早抓小，强化干部队伍管理，促进作风转变。同时，深入推进政务公开，强化电子窗口建设，广泛接受公众监督。进一步完善责任追究机制，推动依法公正、执法为民的作风落到实处。2014 年 11 月 26 日，何昕组长在对商标评审委员会廉政风险点防控工作进行调研后，给予了充分的肯定。三是创新群众活动载体，使党的基层组织更好地发挥凝神聚力的巨大作用。组织各支部开展了以“记党情，感党恩”为主题的系列党日活动。大力支持并鼓励工青妇组织开展广播操、健步走、“拾捡垃圾、保护环境”等主题活动。组织全体党员干部开展拔河、跳绳、乒乓球等比赛，并以参加总局职工运动会为契机，成立了 7 个运动项目兴趣小组，培养大家健康向上的兴趣爱好，同时增强了队伍的凝聚力和战斗力。

三、各地商标管理队伍建设取得新成绩

（一）各地全面推进商标人才队伍建设

一年来，各地工商、市场监管部门开展了形式多样的商标培训工作，全面推进人才队伍建设。北京、河北、山西、辽宁、福建、海南、湖北、贵州、云南、陕西、青海、宁夏、哈尔滨、沈阳、青岛、宁波、广州等地工商、市场监管部门积极组织开展各类形式的培训会、座谈会，宣传普及商标法律法规，营造推动商标事业发展的良好社会氛围，提高商标干部业务素质和能力。天津、内蒙古、黑龙江、广西、河南、湖南、重庆、四川、甘肃、新疆、长春、大连、济南、厦门、深圳、西安等地工商、市场监管部门组织

企业商标管理人员进行驰著名商标保护、国际注册、商标质权、地理标志注册等相关培训，提升企业注册、运用、保护和管理商标的综合能力。吉林省面向基层一线执法人员分批开展新商标法培训 16 期，3000 余人参加。安徽省已累计培训系统内工作人员 10000 余人次，培训企业相关人员 6200 余人次。浙江省工商局联合省商标协会组织开展了 4 场商标国际注册千家外贸企业巡回培训，世界知识产权组织副总干事王彬颖带队授课。山东省工商局联合省法学会、省律师协会开展新商标法专题研讨活动，收集专家研讨论文 60 余篇并汇编成册。南京市工商局以青奥知识产权保护为契机，推动新法贯彻落实，在深圳与国家工商总局举办了全国工商系统保护青奥知识产权培训班。

（二）各地商标管理机构改进作风，热情服务企业和群众

各地商标管理机构积极开展党的群众路线教育实践活动，牢固树立宗旨意识和群众观念，进一步改进工作作风，热情服务企业和群众，取得良好成效。上海市工商局全年共走访新兴电商、旅游、航运港口等行业的重点企业 47 家，进行商标业务指导，还运用自主品牌建设专项资金，积极支持企业开展自主品牌建设和商标公共服务平台建设。江苏省工商局举办了 2 期商标国际注册与保护专题培训班和 8 期品牌管理专业人才培训班，着力完善企业品牌建设专业人才培训体系。江西省工商局派干部赴吉安市安福县竹江乡下社村驻村“连心”，贯通密切联系群众的“最后一公里”。广东省工商局积极探索商标公共服务方式，引导 4 家商标代理机构与一些行业协会建立合作伙伴关系，解决企业商标难题。西藏自治区工商局以视频会议形式组织企业学习新商标法，对参训企业全程免费，不限名额，得到企业的高度评价。杭州市工商局举办市著名商标申报企业辅导培训，面对面对企业进行帮扶指导，261 家企业的工作人员参加了培训。武汉市工商局联合市商标协会举办了商标代理机构培训班，共 51 家商标代理企业和律师事务所参加了培训，还组织了全市 58 家驰名商标企业、200 余家市著名商标培育企业参加了新商标法培训。成都市工商局以工业园区为载体，通过重点走访、集中座谈、问卷调查等多种方式，共同开展“走基层，进园区”走访服务工作，帮助 100 余家重点园区企业解决商标疑难问题，把一批产业龙头企业和战略性新兴产业的重点企业作为重点培育对象，探索建立园区商标战略工作模式。

2014年商标大事记

1 月 7 日 工商总局局长张茅会见了来访的欧盟委员会内部市场和服务委员米歇尔·巴尼耶一行，双方就中国商标法修改情况进行了交流。商标局局长许瑞表、商评委主任何训班陪同会见。

1 月 8 日 全国打击侵犯知识产权和制售假冒伪劣商品工作领导小组（以下简称“全国打击侵权假冒工作领导小组”）联络员会议在商务部召开，会议研究了 2014 年打击侵权假冒重点工作安排。商标局副局长陈文彤出席会议。

1 月 9 日 工商总局召开健全完善商标审查机制会议。总局副局长刘玉亭、刘俊臣共同主持会议。总局办公厅、法规司、人事司、商标局、商评委、通达商标服务中心负责人参加会议。

1 月 15 日 商标局副局长吕志华会见了来访的意大利经济发展部国际贸易政策司司长阿梅德奥·戴蒂先生一行。双方就意大利普洛赛克起泡酒商标注册保护问题进行了商谈。

1 月 17 日 工商总局副局长刘俊臣会见了来访的欧洲内部市场协调局局长坎皮诺斯先生，并代表工商总局签署双方 2014—2015 年度实施计划。商标局局长许瑞表陪同会见。

2 月 14 日 全国打击侵权假冒工作领导小组第四次全体会议在京召开。国务院副总理、全国打击侵权假冒工作领导小组组长汪洋主持会议。会议总结了 2013 年全国打击侵权假冒工作，研究部署 2014 年工作。工商总局副局长、工商总局打击侵犯知识产权和制售假冒伪劣商品工作领导小组（以下简称“总局打击侵权假冒工作领导小组”）组长刘俊臣出席会议，商标局副局长、总局打击侵权假冒工作领导小组办公室副主任闫实陪同参会。

2 月 17 日至 21 日 根据全国打击侵权假冒工作领导小组统一部署，工商总局牵头组织，商务部、司法部共同参与的打击侵犯知识产权和制售假冒伪劣商品工作绩效考核第六小组，由商标局副局长、总局打击侵权假冒工作领导小组办公室副主任闫实带队，赴贵州和四川两省开展现场考核。

2月20日　工商总局局长张茅接待富士康科技集团总裁郭台铭一行，双方就共同关心的话题进行了交流。商评委陈卓副主任陪同会见。

2月20日至21日　工商总局法规司、商标局、商评委会同国务院法制办教科文卫司，结合国务院法制办公开征求意见情况对《中华人民共和国商标法实施条例（送审稿）》进行了逐条讨论修改。商标局局长许瑞表、副局长吕志华、副局长陈文彤、副巡视员吴群，商评委主任何训班、副主任李志军，法规司副司长朱剑桥及有关人员参加会议。

2月20日　工商总局副局长刘俊臣会见了来访的墨西哥工业产权局局长米盖尔·安赫尔·马尔盖因先生一行。商标局副局长吕志华陪同会见。

2月21日　商标局副局长吕志华会见了来访的加拿大知识产权局政策、国际事务和研究司司长 Konstantinos Georgaras 先生。双方就优化注册程序、提高审查效率等问题进行了交流。

2月24日　商标局召开党的群众路线教育实践活动总结会议。商标局党委书记、局长许瑞表主持会议并讲话。党委专职副书记欧阳少华，党委副书记、巡视员李亚莉，党委副书记、副局长闫实，党委委员、副局长陈文彤，副局长李朝晖出席会议，商标局全体党员干部参加会议。

▲2月24日，商标局召开党的群众路线教育实践活动总结会议。

3月3日至6日　国务院法制办教科文卫司孔祥清副司长率队赴上海、江苏南京就《中华人民共和国商标法实施条例（第二次征求意见稿）》进行调研。商标局副巡视员吴群参加调研。

3月4日　工商总局局长张茅、中纪委驻总局纪检组组长何昕、工商总局副局长刘俊臣赴北京市第一中级人民法院旁听了“Fairmont Tower”商标异议复审行政纠纷案件审理。商标局局长许瑞表和商评委主任何训班陪同旁听。

3 月 7 日 国务院法制办主办、工商总局协办的专家、代理机构及企业《中华人民共和国商标法实施条例》修改座谈会在北京召开。商标局副巡视员吴群出席座谈会。

3 月 19 日 总局打击侵权假冒工作领导小组第三次全体会议召开，传达学习了国务院双打领导小组第四次全体会议精神，研究 2014 年工商系统打击侵犯知识产权和制售假冒伪劣商品工作。总局副局长、总局打击侵权假冒工作领导小组组长刘俊臣主持会议，商标局局长、总局打击侵权假冒工作领导小组办公室主任许瑞表，商标局副局长、总局打击侵权假冒工作领导小组办公室副主任闫实出席会议。

3 月 20 日 工商总局依法公开打击侵权假冒工作行政处罚案件信息实施办法征求意见会在浙江宁波召开。商标局副局长闫实出席会议。

3 月 21 日 工商总局副局长刘俊臣到北京市工商局、海淀区工商分局和商标局驻中关村国家自主创新示范区办事处调研。商标局、商评委、商标协会、通达商标服务中心、北京市工商局主要负责同志陪同调研。

▲3 月 21 日，工商总局副局长刘俊臣到北京市工商局、海淀区工商分局和商标局驻中关村国家自主创新示范区办事处调研。

3 月 21 日 商标局副巡视员吴群会见来访的瑞士知识产权局副局长、总顾问兼法律和国际事务司司长菲利克斯·阿道尔先生一行。双方就中国商标法修改、“瑞士制造”标签保护等议题进行了交流。

3 月 31 日 工商总局党组会议审议并原则同意了人事司汇报的《关于进一步建立商标审查工作长效机制的意见》。商标局局长许瑞表列席会议。

4 月 9 日至 10 日 2014 年中美商贸联委会知识产权工作组会议在商务部召开。双方就与专利、商标、版权有关的议题进行了分组讨论。商标局副巡视员吴群出席会议。

4 月 16 日 工商总局副局长刘玉亭、刘俊臣共同主持召开会议，研究部署贯彻落实《工商总局关于完善商标审查机制、提高审查工作效率的意见》有关工作。总局办公厅、法规司、人事司、商标局、商评委、通达中心、信息中心主要负责同志参加会议。

4月22日 国家知识产权局、国家工商总局、国家版权局在北京召开2013年中国知识产权发展状况新闻发布会，工商总局副局长刘俊臣出席发布会并回答了记者提问。商标局副局长闫实陪同参会。

4月22日 工商总局局长张茅会见了韩国驻华大使权世宁先生。双方就知识产权保护等事宜进行了交流。商标局局长许瑞表陪同会见。

▲4月22日，工商总局局长张茅会见韩国驻华大使权世宁。

▲4月25日，国家工商总局举办新商标法实施新闻发布会。

4月22日 商评委巡视员黄家华会见泰国使馆公使庄派吉，双方就共同关注的议题展开了深入的交流讨论。

4月25日 工商总局举办新商标法实施新闻发布会，总局副局长刘俊臣、商标局局长许瑞表、商评委主任何训班出席发布会并回答了记者提问。商标局副局长闫实、副巡视员吴群参加发布会。《人民日报》、人民网、《法制日报》、《新京报》、《京华时报》等25家新闻媒体参会报道。

4月25日 商标局副巡视员吴群会见了来访的欧盟内部市场与服务总司知识产权事务司长克丝汀·卓尔娜女士（Ms. Kerstin JOENA）。双方就欧盟近期在知识产权领域

▲4月22日，商评委巡视员黄家华会见泰国使馆公使庄派吉。

▲4月25日，商标局副巡视员吴群会见欧盟内部市场与服务总司知识产权事务司长克丝汀·卓尔娜女士（Ms. Kerstin JOENA）。

的改革、中国知识产权执法、双方合作等议题进行了交流。

4 月 29 日 全国打击侵权假冒工作领导小组第五次全体会议在京召开。国务院副总理、全国打击侵权假冒工作领导小组组长汪洋主持会议。会议研究部署了第三季度打击侵权假冒重点工作和打击互联网侵权假冒工作。总局副局长、总局打击侵权假冒工作领导小组组长刘俊臣出席会议，商标局副局长、总局打击侵权假冒工作领导小组办公室副主任闫实陪同参会。

5 月 5 日至 5 月 9 日 《商标法实施条例》暨第二届夏季青年奥林匹克运动会标识保护培训班在工商总局深圳行政学院举办。商标局局长许瑞表出席开班式并讲话，商标局副局长吕志华、闫实出席开班式，全国商标管理机构、商标局各处负责人等共 130 多人参加培训。

5 月 5 日至 9 日 商评委在京举办新商标法培训班，商评委主任何训班出席培训班开幕式并讲话，巡视员黄家华主持培训班开班式。

▲ 5 月 5 日至 9 日，商评委在京举办新商标法培训班。

5 月 6 日至 8 日 工商总局副局长刘俊臣赴山东省就商标战略实施和地理标志工作开展调研，商标局副局长陈文彤、商评委副主任陈卓陪同调研。

5 月 10 日 商标局副巡视员吴群赴香港参加马德里商标国际注册体系用户会议、商标五方会谈（TM5）的年中会议和恶意抢注商标研讨会。

5 月 13 日 商评委与北京市高级人民法院、北京市第一中级人民法院共同召开商标评审与行政诉讼业务研

▲ 5 月 6 日至 8 日，工商总局副局长刘俊臣赴山东省就商标战略实施和地理标志工作开展调研。

讨会，就新旧商标法衔接、新法新增条款的审理标准及其他相关问题进行交流。商评委主任何训班、巡视员黄家华、副主任陈卓、李志军与会讨论并发言。

5月14日 工商总局副局长马正其到商标大楼调研考察商标注册和管理自动化三期系统运行情况，并主持召开座谈会听取意见和建议。商标局局长许瑞表、副局长闫实、副巡视员夏青参加会议。

5月14日 工商总局副局长刘俊臣在京与世界知识产权组织副总干事王彬颖女士举行会谈。王彬颖通报了世界知识产权组织与香港特区政府关于马德里适港问题的交流情况，双方就2015年两部门合作举办国际活动的可行性进行探讨。商标局副巡视员吴群、商评委副主任陈卓参加会谈。

5月15日 商标局副巡视员吴群会见了来访的英国知识产权局商标与外观设计司司长史蒂夫·罗温（Steve Rowan）先生一行，就中国商标法修改的有关情况、英国商标审查异议程序及中英合作等议题进行了交流。

5月22日 商标局副巡视

▲5月13日，商评委与北京市高级人民法院、北京市第一中级人民法院共同召开商标评审与行政诉讼业务研讨会。

▲5月14日，工商总局副局长马正其到商标大楼调研考察商标注册和管理自动化三期系统运行情况。

▲5月14日，工商总局副局长刘俊臣在京与世界知识产权组织副总干事王彬颖举行会谈。

员吴群、商评委副主任李志军、商标局相关处室负责同志做客人民网强国访谈，解读新《商标法实施条例》。

▲ 5 月 22 日，商评委副主任李志军做客人民网强国论坛，解读新《商标法实施条例》。

5 月 26 日 工商总局召开 2014 年第 11 次局务会议，听取总局规范性文件清理情况汇报，审议《商标评审规则（修订草案）》。

6 月 5 日至 11 日 工商总局副局长刘俊臣率团赴新加坡和印度尼西亚，分别访问了新加坡知识产权局、世界知识产权组织驻新加坡办事处、印度尼西亚国家消费者保护局和东盟秘书处。商标局副局长陈文彤陪同访问。

6 月 10 日 工商总局局长张茅会见了来访的世界知识产权组织副总干事王彬颖女士一行，双方就进一步加强沟通，共同推进各项合作事宜进行了交流。商标局局长许瑞表、商评委主任何训班陪同会见。

6 月 10 日 “商标与经济发展关系”课题讨论会在京召开。商标局副局长闫实主持会议。

6 月 16 日至 6 月 22 日 工商总局局长张茅率团访问比利时、冰岛、荷兰及欧盟总部，与欧盟农业和农村事务委员达契安・乔罗什就中欧地理标志协定谈判中的具体问题进行交流，并与比荷卢知识产权局举行了马德里商标国际注册体系适用专题研讨会。商标局局长许瑞表陪同出访。

6 月 25 日 工商总局副局长刘俊臣会见了墨西哥经济部副部长弗朗西科・罗森维克先生，就建立部门间制度性合作关系，共同促进两国商标保护等议题进行交流。商标局副巡视员吴群、商评委副主任李志军陪同会见。

7 月 3 日 工商总局局长张茅会见中国美国商会总裁杜骁勇先生一行，双方就该会 2014 年发布的《美国企业在中国》白皮书和商标法修改、实施情况等内容进行交流。商评委主任何训班陪同会见。

7 月 8 日 工商总局副局长马正其、刘俊臣共同主持召开商标注册与管理自动化三期系统工作专题会。商标局局长许瑞表和信息中心主任王予集等有关单位负责人参加会议。

7月8日 工商总局副局长刘俊臣在总局会见了韩国特许厅厅长金荣敏先生一行，双方就加强互利合作、促进中韩商标品牌事业发展进行了交流。商标局副局长陈文彤、商评委副主任陈卓陪同会见。

7月11日 工商总局局长张茅在京会见了世界知识产权组织总干事弗朗西斯·高锐先生一行。商标局局长许瑞表参加会见。

7月11日 工商总局局长张茅、副局长刘俊臣在总局召开会议，研究商标注册与管理自动化三期系统有关工作。神州数码公司董事局主席郭为、商标局局长许瑞表参加会议。

7月14日至15日 工商总局与美国专利商标局在京共同举办了异议撤销和驳回复审研讨会，双方就中美异议、撤销及复审程序的概况、案例等进行了交流讨论。

7月15日至18日 2014年海峡两岸商标研讨会在内蒙古呼和浩特市召开。工商总局副局长刘俊臣出席研讨会并讲话，商标局副巡视员吴群陪同出席会议并发言。

▲7月15日至18日，2014年海峡两岸商标研讨会在内蒙古呼和浩特市召开。

7月18日 商标局副局长闫实和商标局、商评委相关处室负责同志做客人民网强国论坛，解读工商总局新修订的《驰名商标认定和保护规定》。

7月22日 第二届夏季青年奥林匹克运动会标志保护工作会议在江苏南京召开。商标局副局长闫实出席会议。

7月25日 工商总局副局长刘俊臣到商标大楼调研商标注册与管理自动化三期系统工作，并就落实总局局长张茅批示、制定商标工作方案进行研究。商标局局长许瑞表，副局长吕志华、闫实，党委专职副书记欧阳少华，副巡视员吴群、夏青；商评委主任何训班，巡视员黄家华，副主任陈卓、李志军，党委专职副书记杨萍出席会议。各相关处室人员参加会议。

8月1日 工商总局局长张茅，副局长马正其、刘俊臣赴商标大楼视察并听取了商标局、商评委、信息中心和商标审查协作中心的工作汇报，研究解决商标审查积压问题。商标局、商评委、信息中心、商标审查协作中心领导班子成员参加会议。

8 月 18 日　全国打击侵权假冒工作领导小组 2014 年第三次联络员会议在商务部召开。商标局副局长、总局打击侵权假冒工作领导小组办公室副主任闫实出席会议。

8 月 20 日　工商总局副局长刘俊臣在北京会见了香港知识产权署署长梁家丽女士一行。商标局副巡视员吴群陪同会见。

8 月 26 日　全国打击侵权假冒工作领导小组第六次全体会议在京召开。国务院副总理、全国打击侵权假冒工作领导小组组长汪洋主持会议并讲话。工商总局副局长、总局打击侵权假冒工作领导小组组长刘俊臣出席会议，商标局副局长陈文彤陪同参会。

9 月 1 日　“纪念中华商标协会成立二十周年暨中国品牌经济高峰论坛”在北京大学光华管理学院举行。工商总局局长张茅出席论坛并作主旨演讲。总局副局长刘俊臣主持论坛活动。著名经济学家厉以宁教授作了主题演讲。世界知识产权组织总干事弗朗西斯·高锐作了视频演讲。商标局局长许瑞表、商评委主任何训班陪同出席。

▲9 月 1 日，“纪念中华商标协会成立二十周年暨中国品牌经济高峰论坛”在北京大学光华管理学院举行。

9 月 2 日　中英商标研讨会在京召开。商标局副巡视员吴群出席研讨会并致开幕词。

9 月 8 日　工商总局副局长刘玉亭率团访问津巴布韦、喀麦隆、南非，代表总局在津巴布韦与非洲地区知识产权组织总干事费尔南多·多斯·桑多斯签署新修订的《中华人民共和国国家工商行政管理总局和非洲地区知识产权组织合作谅解备忘录》。

▲9 月 8 日，工商总局副局长刘玉亭代表总局在津巴布韦与非洲地区知识产权组织总干事费尔南多·多斯·桑多斯签署修订后的合作谅解备忘录。

9 月 9 日至 9 月 14 日　商标局副巡视员夏青赴美国参加中美知识产权工作组副部级会议及会前的司局级准备会，并出席中美知识产权海外交流活动。

▲ 9 月 17 日，工商总局党组成员、中纪委驻总局纪检组组长何昕到商标局调研指导工作。

9 月 17 日 工商总局党组成员、中纪委驻总局纪检组组长何昕到商标局调研指导工作，并主持召开座谈会。商标局局长许瑞表作了工作汇报，商标局领导班子全体成员和相关处处长参加座谈。

9 月 23 日至 27 日 欧共体商标巡回研讨会在辽宁沈阳、黑龙江哈尔滨召开。商标局副巡视员吴群出席研讨会。

▲ 9 月 24 日，欧共体商标巡回研讨会在辽宁沈阳召开。

9 月 25 日 总局打击侵权假冒工作领导小组第四次全体会议召开。商标局局长、总局打击侵权假冒工作领导小组办公室主任许瑞表受托主持会议。总局打击侵权假冒工作领导小组成员单位派员参加会议。商标局副局长、总局打击侵权假冒工作领导小组办公室副主任闫实参加会议。

10 月 10 日至 15 日 商评委在工商总局行政学院举办全国工商行政管理系统新商标法框架下的商标确权理论与实务操作专题研修班。商评委主任何训班在开班式讲话，巡视员黄家华在结业式上讲话。

10 月 23 日 商标局副局长吕志华和副巡视员吴群分别会见了丹麦专利商标局局长康叶波先生（Mr.Jesper Kongstad）。双方就共同抵制恶意抢注、新商标法的实施等议题进行了交流，并就丹麦有关公司商标案件交换意见。

10 月 30 日 工商总局局长张茅会见了欧盟新任驻华大使暨欧盟驻华代表团团长史伟先生一行，双方就知识产权、反不正当竞争等议题进行讨论。商标局局长许瑞表陪同会见。

11 月 2 日 工商总局副局长马正其、刘俊臣共同主持召开商标经费专题研究会议。

商标局局长许瑞表、副局长闫实参加会议。

▲11 月 8 日至 10 日，2014 中国国际商标品牌节在江苏省苏州市举行。

11 月 8 日至 10 日 2014 中国国际商标品牌节在江苏省苏州市举行。工商总局副局长刘俊臣出席品牌节开幕式并深入苏州市高新区调研，商标局局长许瑞表陪同出席和调研，商标局副巡视员吴群出席品牌节相关活动。

11 月 19 日 工商总局局长张茅、副局长刘玉亭在京听取了上海市工商局局长陈学军就上海浦东新区专利、商标、版权“三局合一”的情况汇报，商标局局长许瑞表出席会议。

11 月 19 日至 22 日 工商总局副局长刘俊臣赴安徽省调研并出席在马鞍山市召开的商标评审工作华东、中南片区研讨会。商标局副局长闫实、商评委巡视员黄家华陪同调研。

▲11 月 21 日，工商总局商标评审工作中南、华东片区研讨会在马鞍山市召开。

11 月 25 日 全国打击侵权假冒工作领导小组第七次全体会议在京召开。国务院副总理、全国打击侵权假冒工作领导小组组长汪洋主持会议。总局副局长、总局打击侵权假冒工作领导小组组长刘俊臣出席会议，商标局副局长、总局打击侵权假冒工作领导小组办公室副主任闫实陪同参会。

11 月 25 日 工商总局局长张茅在京会见了英国知识产权局（UKIPO）局长约翰·阿尔蒂先生一行，双方就进一步加强战略层面的对话合作进行了交流。商标局副局长吕志华陪同会见。

11 月 26 日 工商总局党组成员、中纪委驻总局纪检组组长何昕一行来到商评委对党风廉政建设工作进行调研指导。商评委主任何训班陪同视察作工作汇报。

11 月 27 日至 28 日 商评委在贵州省贵阳市召开商标评审工作西南、西北片区研讨会，就新商标法实施以来商标行政授权确权保护出现的新情况、新问题，听取对商标评审工作的意见和建议。商评委主任何训班、巡视员黄家华出席会议并讲话。

12 月 1 日 商标局局长许瑞表会见了来访的世界知识产权组织主管新加坡条约的司长 Hopperger 先生和主管马德里自动化系统的司长 Wilson 先生，双方围绕中国加入《商标法新加坡条约》、数据库交换等事宜交换了意见。商标局副巡视员吴群参加会见。

12 月 5 日 商标局局长许瑞表在京会见了法国工业产权局局长伊夫·拉普耶先生（Mr.Yves Lapierre），双方共同主持召开第 21 次中法商标局长会议，就商标法律和实践最新发展情况、两局合作及共同关心的问题进行了交流。

▲ 12 月 5 日，商标局局长许瑞表会见了来访的法国工业产权局局长伊夫·拉普耶（Mr.Yves Lapierre）先生。

12 月 2 日至 5 日 商标五方会谈（TM5）第三届年度会议在日本东京举行。商标局副局长吕志华率团出席会议。

12 月 12 日 深入实施商标富农工程、强化地理标志和农产品商标保护有关工作研讨会在京召开。商标局副局长吕志华主持会议。农业部农产品质量安全监管局、农产品质量安全中心、国家知识产权局保护协调司派员参加会议。

▲ 12 月 2 日至 5 日，商标五方会谈（TM5）第三届年度会议在日本东京举行。

12 月 12 日 《商标与经济发展关系》课题中期评审会在京召开。商标局副局长闫实主持评审会，中华商标协会副秘书长汪泽等参加评审会。

12 月 15 日 工商总局局长

▲ 12月15日，国家工商总局局长张茅会见来访的世界知识产权组织副总干事王彬颖女士一行。

张茅会见来访的世界知识产权组织副总干事王彬颖女士一行。张茅局长在会见中希望双方巩固已有合作成果，进一步拓展合作领域，在新的起点上推动知识产权事业向前发展。商标局局长许瑞表、商评委主任何训班陪同会见。

12月15日至21日 全国工商行政管理系统2014年知识产权前沿问题研究高级研修班在深圳总局行政学院举办。人事司副巡视员余宁、商标局副局长闫实、行政学院副院长韦犁出席研修班开班式并讲话，70多名全国工商系统从事商标注册和管理工作的学员参加了培训。

12月17日 工商总局副局长刘俊臣召集办公厅、综合司、商标局负责人，就商标档案长期存放问题进行专题研究，并部署下一步工作。商标局局长许瑞表就商标档案长期存放需求及前期调研等情况进行了汇报。办公厅副主任刘显华、综合司副巡视员朱为亮、商标局副局长李朝晖出席会议。

12月23日 商评委主任何训班会见了来访的北京市高级人民法院审判委员会专职委员、知识产权

▲ 12月23日，商评委主任何训班会见来访的北京市高级人民法院审判委员会专职委员、知识产权审判庭庭长杨柏勇。

审判庭庭长杨柏勇。双方就应诉协调配合、审查审理经验等议题进行了深入交流，并就进一步深化合作达成共识。

12 月 30 日　总局打击侵权假冒工作领导小组第五次全体会议召开。总局副局长、总局打击侵权假冒工作领导小组组长刘俊臣主持会议并讲话。总局打击侵权假冒工作领导小组成员单位派员参加会议。商标局副局长、总局打击侵权假冒工作领导小组办公室副主任闫实汇报了 2014 年全国工商系统打击侵权假冒工作情况及 2015 年拟定的工作要点。

商标数据统计

2014年度商标申请/注册概况表

单位：件

<table>
<tr><th></th><th>国内</th><th>国际</th><th>马德里</th><th>合计</th></tr>
<tr><td>申请商标</td><td>2139973</td><td>93284</td><td>52101</td><td>2285358</td></tr>
<tr><td>续展申请</td><td>114355</td><td>17534</td><td>7245</td><td>139134</td></tr>
<tr><td>异议申请</td><td>31099</td><td>12005</td><td>294</td><td>43398</td></tr>
<tr><td>变更申请</td><td>138329</td><td>28105</td><td>5946</td><td>172380</td></tr>
<tr><td>转让申请</td><td>105114</td><td>11665</td><td>3129</td><td>119908</td></tr>
<tr><td>注销申请</td><td colspan="2">5424</td><td rowspan="2">6064</td><td rowspan="2">30233</td></tr>
<tr><td>撤销申请</td><td colspan="2">18745</td></tr>
<tr><td>许可合同备案申请</td><td colspan="3">23128</td><td>23128</td></tr>
<tr><td>注册商标</td><td>1242840</td><td>86394</td><td>45870</td><td>1375104</td></tr>
<tr><td>审定商标</td><td colspan="2">1520729</td><td>26233</td><td>1546962</td></tr>
<tr><td>核驳商标</td><td colspan="2">456221</td><td>24329</td><td>480550</td></tr>
<tr><td>部分核驳商标</td><td colspan="2">398871</td><td></td><td>398871</td></tr>
<tr><td>变更注册商标</td><td colspan="2">143798</td><td>6938</td><td>150736</td></tr>
<tr><td>转让注册商标</td><td colspan="2">133214</td><td>4986</td><td>138200</td></tr>
<tr><td>续展注册商标</td><td colspan="2">111091</td><td>5669</td><td>116760</td></tr>
<tr><td>注销注册商标</td><td colspan="2">53193</td><td rowspan="2">2885</td><td rowspan="2">65575</td></tr>
<tr><td>撤销注册商标</td><td colspan="2">9497</td></tr>
<tr><td>许可合同备案办理</td><td colspan="3">32325</td><td>32325</td></tr>
<tr><td>补发商标注册证</td><td colspan="3">4689</td><td>4689</td></tr>
</table>

2014年度各省、自治区、直辖市商标申请与注册统计表

说明：申请件数、注册件数指2013年12月16日–2014年12月15日的商标统计情况，其他指截至2014年12月15日的统计情况。

单位：件

省、自治区、直辖市	申请件数	注册件数	有效注册量
北京市	191152	91252	545713
天津市	25195	16324	91133
河北省	55460	30710	191929
山西省	16852	10146	61269
内蒙古自治区	17609	9788	64702
辽宁省	37088	24591	151170
吉林省	18813	10252	70672
黑龙江省	23672	12861	94475
上海市	137615	76482	431987
江苏省	122817	79943	516356
浙江省	196993	133874	965127
安徽省	47243	29568	149904
福建省	101530	73181	431206
江西省	31637	19013	104915
山东省	107620	64841	393880
河南省	73789	40853	218631
湖北省	46054	25851	154420

（续上表）

省、自治区、直辖市	申请件数	注册件数	有效注册量
湖南省	51147	29364	161705
广东省	406393	223470	1314188
广西壮族自治区	18828	11882	68258
海南省	10510	4946	31662
四川省	73864	46523	259281
贵州省	19000	14307	54270
云南省	33099	20059	106240
西藏自治区	1824	906	4548
陕西省	38903	28496	130237
甘肃省	8600	4224	27576
青海省	3480	2094	10829
宁夏回族自治区	4698	2506	15693
新疆维吾尔自治区	17051	11760	64230
重庆市	46001	33960	148152
香港特别行政区	76054	47385	217273
澳门特别行政区	1202	440	3080
台湾省	14676	10988	109672
合计	2076469	1242840	7364383

注：由于不予受理件未电子化，以上各省数据的申请量不含不予受理量。

2014年度外国（地区）在华商标申请统计表

单位：件

外国（地区）	外国(地区)申请件数	马德里申请件数	总计
阿尔及利亚	19	0	19
阿富汗	27	0	27
阿根廷	169	0	169
阿联酋	471	18	489
阿曼	7	0	7
阿塞拜疆	18	1	19
埃及	64	7	71
埃塞俄比亚	4	0	4
爱尔兰	268	243	511
爱沙尼亚	16	53	69
安道尔	2	1	3
安哥拉	9	0	9
安圭拉	136	0	136
奥地利	273	893	1166
澳大利亚	2315	1441	3756
巴巴多斯	49	16	65
巴哈马	71	16	87
巴基斯坦	37	0	37
巴拉圭	5	0	5
巴勒斯坦	1	0	1
巴林	3	0	3
巴拿马	69	28	97
巴西	483	2	485
白俄罗斯	4	93	97
百慕大	126	43	169
保加利亚	21	142	163
贝宁共和国	3	0	3
比利时	207	945	1152
冰岛	14	69	83
波多黎各	5	0	5
波兰	222	327	549
波斯尼亚－黑塞哥维亚	0	1	1
玻利维亚	8	0	8
伯利兹	104	8	112
不丹	1	0	1
朝鲜民主主义人民共和国	5	4	9
丹麦	691	856	1547
德国	4099	8732	12831
多哥	1	0	1
多米尼加共和国	18	0	18
俄罗斯	446	1567	2013
厄瓜多尔	18	0	18
法国	3874	5996	9870
菲律宾	110	13	123
斐济	2	8	10
芬兰	370	710	1080
刚果民主共和国	3	0	3
哥伦比亚	90	28	118
哥斯达黎加	20	0	20
格鲁吉亚	1	3	4
古巴	1	4	5
哈萨克斯坦	18	70	88
韩国	9211	761	9972
荷兰	1359	1631	2990

外国（地区）	外国(地区)申请件数	马德里申请件数	总计
荷属安的列斯群岛	10	0	10
黑山	0	5	5
洪都拉斯	1	0	1
吉尔吉斯斯坦	5	7	12
几内亚	4	0	4
加拿大	1987	48	2035
加纳	1	0	1
柬埔寨	10	0	10
捷克共和国	70	277	347
捷克斯洛伐克	9	0	9
卡塔尔	36	2	38
开曼群岛	3667	2	3669
科特迪瓦	2	0	2
科威特	57	0	57
克罗地亚	26	25	51
肯尼亚	3	1	4
库克群岛	21	0	21
库拉索	3	30	33
库拉索岛	5	0	5
拉脱维亚	7	23	30
黎巴嫩	33	0	33
立陶宛	4	35	39
利比里亚	6	0	6
利比亚	12	0	12
列支敦士登	63	133	196
卢森堡	297	474	771
罗马尼亚	25	66	91

外国（地区）	外国(地区)申请件数	马德里申请件数	总计
马达加斯加	0	13	13
马恩岛	90	0	90
马耳他	81	324	405
马来西亚	962	3	965
马里	5	0	5
马其顿	0	3	3
马绍尔群岛	126	0	126
毛里求斯	48	0	48
美国	25008	4803	29811
美属维尔京群岛	2	0	2
蒙古	14	4	18
孟加拉	26	0	26
秘鲁	29	0	29
缅甸	23	0	23
摩尔多瓦共和国	0	36	36
摩洛哥	46	77	123
摩纳哥	119	146	265
莫桑比克	4	2	6
墨西哥	349	16	365
纳米比亚	3	0	3
南非	249	0	249
尼泊尔	5	0	5
尼日利亚	41	0	41
挪威	142	363	505
葡萄牙	138	312	450
日本	11182	2872	14054
瑞典	609	799	1408
瑞士	1810	3965	5775

（续上表）

外国（地区）	外国(地区)申请件数	马德里申请件数	总计
塞尔维亚	0	30	30
塞拉利昂	1	0	1
塞内加尔	2	0	2
塞浦路斯	52	200	252
塞普路斯	1	0	1
塞舌尔	217	14	231
沙特阿拉伯	174	0	174
圣多美和普林西比	1	0	1
圣基茨和尼维斯联邦	2	0	2
圣卢西亚	2	0	2
圣马力诺	16	12	28
斯里兰卡	30	0	30
斯洛伐克	9	153	162
斯洛文尼亚	9	74	83
苏丹	11	0	11
塔吉克斯坦	5	0	5
泰国	690	6	696
坦桑尼亚	11	0	11
特立尼达和多巴哥	1	0	1
突尼斯	40	2	42
土耳其	308	617	925
土库曼斯坦	5	0	5
危地马拉	13	0	13
委内瑞拉	41	0	41
文莱	33	0	33
乌干达	3	0	3
乌克兰	42	232	274
乌拉圭	38	0	38

外国（地区）	外国(地区)申请件数	马德里申请件数	总计
乌兹别克斯坦	2	0	2
西班牙	1032	1270	2302
西萨摩亚	120	0	120
希腊	55	89	144
新加坡	1907	503	2410
新西兰	979	364	1343
匈牙利	37	103	140
叙利亚	20	0	20
牙买加	9	0	9
亚美尼亚	2	34	36
也门共和国	11	0	11
伊拉克	70	0	70
伊朗	170	67	237
以色列	240	179	419
意大利	2573	4224	6797
印度	421	63	484
印度尼西亚	311	6	317
英国	5654	3980	9634
英吉利海峡群岛	66	0	66
英属维尔京群岛	4095	185	4280
英属西印度群岛	104	0	104
约旦	56	0	56
越南	144	59	203
泽西岛	7	2	9
直布罗陀	4	37	41
智利	395	0	395
合计	93284	52101	145385

2014年度外国（地区）在华商标注册统计表

单位：件

外国（地区）	外国(地区)注册件数	马德里注册件数	总计
阿尔巴尼亚	5	0	5
阿尔及利亚	14	5	19
阿富汗	25	0	25
阿根廷	120	0	120
阿联酋	310	4	314
阿曼	2	0	2
阿塞拜疆	37	46	83
埃及	57	9	66
埃塞俄比亚	6	0	6
爱尔兰	310	107	417
爱沙尼亚	20	56	76
安道尔	3	0	3
安哥拉	6	0	6
安圭拉	144	0	144
安提瓜和巴布达	1	0	1
奥地利	288	800	1088
澳大利亚	1777	1069	2846
巴巴多斯	53	1	54
巴布亚新几内亚	9	0	9
巴哈马	139	1	140
巴基斯坦	35	0	35
巴拉圭	2	0	2
巴林	4	0	4
巴拿马	91	8	99
巴西	390	0	390
白俄罗斯	2	67	69
百慕大	151	0	151
保加利亚	26	172	198
贝宁共和国	2	0	2
比利时	437	901	1338
冰岛	7	86	93
波多黎各	7	0	7
波兰	101	236	337
玻利维亚	3	0	3
伯利兹	44	0	44
朝鲜民主主义人民共和国	1	0	1
丹麦	970	665	1635
德国	4074	8092	12166
多哥	4	0	4
多米尼加共和国	5	11	16
俄罗斯	258	1496	1754
厄瓜多尔	34	0	34
法国	3404	5513	8917
法属波利尼西亚	1	0	1
菲律宾	61	33	94
斐济	1	18	19
芬兰	367	793	1160
刚果民主共和国	3	0	3
哥伦比亚	60	24	84
哥斯达黎加	9	0	9

（续上表）

外国（地区）	外国（地区）注册件数	马德里注册件数	总计	外国（地区）	外国（地区）注册件数	马德里注册件数	总计
格鲁吉亚	3	11	14	罗马尼亚	20	77	97
古巴	6	1	7	马恩岛	143	0	143
哈萨克斯坦	7	124	131	马耳他	39	71	110
韩国	5495	590	6085	马拉维	1	0	1
荷兰	1104	1353	2457	马来西亚	816	7	823
荷属安的列斯群岛	116	0	116	马里	1	0	1
吉尔吉斯斯坦	2	5	7	马其顿共和国	0	9	9
加拿大	1481	39	1520	马绍尔群岛	57	0	57
加纳	1	0	1	毛里求斯	32	3	35
柬埔寨	1	0	1	毛里塔尼亚	1	0	1
捷克共和国	89	177	266	美国	23190	4183	27373
津巴布韦	2	0	2	美属维尔京群岛	11	0	11
喀麦隆	2	0	2	蒙古	11	13	24
卡塔尔	19	0	19	孟加拉	12	0	12
开曼群岛	1952	10	1962	秘鲁	29	2	31
科特迪瓦	9	0	9	缅甸	18	0	18
科威特	28	0	28	摩尔多瓦共和国	0	24	24
克罗地亚	2	67	69	摩洛哥	13	21	34
肯尼亚	5	2	7	摩纳哥	28	166	194
库克群岛	12	0	12	莫桑比克	0	2	2
拉托维亚	1	21	22	墨西哥	346	13	359
黎巴嫩	40	6	46	南非	272	4	276
立陶宛	4	23	27	尼日利亚	20	0	20
利比亚	6	0	6	挪威	76	312	388
列支敦士登	127	109	236	葡萄牙	140	204	344
卢森堡	255	417	672	日本	16251	2841	19092

（续上表）

外国（地区）	外国（地区）注册件数	马德里注册件数	总计
瑞典	598	757	1355
瑞士	1646	3594	5240
塞尔维亚共和国	6	13	19
塞内加尔	4	0	4
塞浦路斯	52	347	399
塞舌尔	214	3	217
沙特阿拉伯	88	0	88
圣基茨和尼维斯联邦	1	0	1
圣马力诺	4	14	18
斯里兰卡	17	1	18
斯洛伐克	47	181	228
斯洛文尼亚	6	85	91
苏丹	1	0	1
苏里南	1	0	1
泰国	487	6	493
坦桑尼亚	13	0	13
突尼斯	8	1	9
土耳其	215	682	897
瓦努阿图	2	0	2
危地马拉	10	0	10
委内瑞拉	44	0	44
文莱	70	0	70
乌干达	2	0	2
乌克兰	56	206	262
乌拉圭	16	0	16
乌兹别克斯坦	10	0	10

外国（地区）	外国（地区）注册件数	马德里注册件数	总计
西班牙	1237	1031	2268
西萨摩亚	336	0	336
希腊	86	78	164
新加坡	1642	187	1829
新西兰	871	190	1061
匈牙利	33	59	92
叙利亚	47	0	47
牙买加	10	0	10
亚美尼亚	5	11	16
也门共和国	16	0	16
伊拉克	40	0	40
伊朗	80	0	80
以色列	209	27	236
意大利	2420	4041	6461
印度	579	9	588
印度尼西亚	57	4	61
英国	5641	3107	8748
英吉利海峡群岛	30	0	30
英属根西岛	4	0	4
英属维尔京群岛	2789	54	2843
英属西印度群岛	76	0	76
约旦	34	0	34
越南	81	42	123
泽西岛	25	3	28
直布罗陀	13	15	28
智利	239	2	241
合计	86394	45870	132264

2014年度按类申请和注册商标统计表

单位：件

类别	申请				注册			
	国内	国际	马德里	合计	国内	国际	马德里	合计
1	29901	1660	1075	32636	21625	1781	971	24377
2	14601	614	366	15581	9951	639	335	10925
3	71672	5381	2023	79076	37517	4289	1780	43586
4	11760	698	410	12868	8166	692	327	9185
5	64149	4312	2197	70658	39495	3738	1906	45139
6	34111	1366	978	36455	24711	1513	887	27111
7	49835	2727	1888	54450	39702	3233	1748	44683
8	12396	1001	613	14010	9397	938	565	10900
9	127359	8539	5125	141023	71833	7937	4451	84221
10	23851	2075	1198	27124	13855	1809	1109	16773
11	76186	2596	1528	80310	46527	2557	1307	50391
12	38761	2150	1144	42055	21784	1850	980	24614
13	2974	117	82	3173	2503	144	75	2722
14	39822	1789	1256	42867	20614	1694	1094	23402
15	5501	352	115	5968	3729	279	117	4125
16	35710	2782	1591	40083	23652	2651	1491	27794
17	14338	814	655	15807	11470	998	579	13047
18	40119	3011	1708	44838	31203	3133	1648	35984
19	34231	591	539	35361	23700	807	562	25069
20	53660	1518	1011	56189	31377	1495	918	33790
21	37682	2057	973	40712	24741	1934	933	27608
22	6609	369	224	7202	5088	333	207	5628

（续上表）

类别	申请				注册			
	国内	国际	马德里	合计	国内	国际	马德里	合计
23	4620	151	98	4869	3929	172	92	4193
24	29797	1279	763	31839	21333	1311	760	23404
25	210804	6268	2895	219967	139981	6265	2561	148807
26	9052	490	262	9804	6903	479	262	7644
27	12233	520	277	13030	7009	407	261	7677
28	31163	2234	1182	34579	18784	2077	987	21848
29	86686	2908	977	90571	53519	2279	828	56626
30	119296	3925	1307	124528	69943	3119	1153	74215
31	58626	850	433	59909	38492	755	409	39656
32	43348	2105	997	46450	22305	1488	794	24587
33	49694	3036	1232	53962	35806	3019	1216	40041
34	6712	363	285	7360	3995	340	260	4595
35	182490	5979	3459	191928	91814	6258	2774	100846
36	38055	1538	748	40341	17773	1268	637	19678
37	28598	1132	1218	30948	19500	1346	1023	21869
38	24629	1162	897	26688	10244	880	857	11981
39	26928	1156	710	28794	15561	918	558	17037
40	15955	588	653	17196	11082	719	555	12356
41	66174	3582	2139	71895	31615	2948	1735	36298
42	73669	2952	2947	79568	31553	2607	2581	36741
43	88379	2650	725	91754	44180	1819	612	46611
44	29918	1210	735	31863	17199	919	542	18660
45	14415	687	463	15565	7680	557	423	8660
合计	2076469	93284	52101	2221854	1242840	86394	45870	1375104

注：由于不予受理件未电子化，以上数据不含不予受理量。

1979-2014年商标注册申请及核准注册商标统计表

单位：件

	申请				核准注册			
年度	国内	国际	马德里	合计	国内	国际	马德里	合计
1979					27459	5130		32589
1980				26177	15348	1297		16645
1981				23004	15707	2049		17756
1982	17000	1565		18565	12385	4672		17057
1983	19120	1687		20807	4293	2278		6571
1984	26487	3077		29564	13252	1518		14770
1985	43445	5798		49243	19584	2084		21668
1986	45031	5939		50970	26993	5126		32119
1987	40014	4055		44069	27687	4454		32141
1988	41683	5866		47549	25448	3604		29052
1989	43202	5209		48411	31810	4625		36435
1990	50853	4371	2048	57272	25966	4036	1269	31271
1991	59124	5885	2595	67604	34501	3523	2306	40330
1992	79837	8367	2591	90795	42710	4198	1180	48088
1993	107758	21014	3551	132323	42668	3999	2059	48726
1994	117186	20238	5193	142617	47482	7803	3016	58301
1995	144610	21442	6094	172146	59895	12591	19380	91866
1996	122057	22615	7132	151804	101178	15843	11407	128428
1997	118577	21676	8502	148755	188047	24958	10033	223038

（续上表）

	申请				核准注册			
年度	国内	国际	马德里	合计	国内	国际	马德里	合计
1998	129394	18252	10037	157683	80095	14137	13478	107710
1999	140620	18883	11212	170715	96139	13896	12366	122401
2000	181717	24623	16837	223177	129441	16327	12807	158575
2001	229775	23234	17408	270417	167563	19017	16259	202839
2002	321034	37221	13681	371936	169904	23364	19265	212533
2003	405620	33912	12563	452095	206070	21188	15253	242511
2004	527591	44938	15396	587925	225394	25069	16156	266619
2005	593382	52166	18469	664017	218731	23792	16009	258532
2006	669276	56840	40203	766319	228814	25254	21573	275641
2007	604952	59714	43282	707948	215161	19159	29158	263478
2008	590525	60704	46890	698119	342498	31870	29101	403469
2009	741763	51966	36748	830477	737228	68471	31944	837643
2010	973460	67838	30889	1072187	1211428	108510	29299	1349237
2011	1273827	95831	47127	1416785	926330	66074	30294	1022698
2012	1502540	97190	48586	1648316	919951	58656	26290	1004897
2013	1733361	95177	53008	1881546	909541	59496	27687	996724
2014	2139973	93284	52101	2285358	1242840	86394	45870	1375104
合计	13834794	1090577	552143	15526695	8789541	794462	443459	10027462

2014年度商标评审案件统计表

单位：件

项目	案件类型	数量
评审案件申请量	驳回商标注册申请复审	77390
	异议复审	2478
	不予注册复审	7
	撤销注册商标复审	2768
	无效宣告	5129
	总 计	87772
评审案件裁决量	驳回商标注册申请复审	85724
	异议复审	23298
	不予注册复审	1
	撤销注册商标复审	2033
	无效宣告	4875
	总 计	115931
参与行政诉讼	一 审	7452
	二 审	2015
	再 审	58
	总 计	9525
行政复议	申请量	287
	结案量	273

全国查处商标一般违法案件基本情况

单位：件、万元

项目		案件总数（件）		其中：涉外案件		案值（万元）	罚没金额（万元）	其中：立案查处（件）				收缴和销毁商标标识（件）	销毁物品（件）
		合计	其中：投诉案件	合计	其中：投诉案件			小计	其中：投诉案件	罚款10–100万元	罚款100万元以上		
合计		5231	856	208	55	10568	4065	2932	680	61		256372	20049
注册商标使用的管理	自行改变注册商标的	57	9	5		73	*	41	1	*	*	*	*
	自行改变注册商标注册人名义、地址或其他注册事项的	27	8			35	*	17	2	*	*	*	*
	自行转让注册商标的	3				1	*			*	*	*	*
	商品粗制滥造、以次充好、欺骗消费者的	845	172	26	18	600	624	343	79	1		*	*
未注册商标使用的管理	冒充注册商标的	2844	515	130	36	8802	2466	1763	477	57		*	*
	商品粗制滥造、以次充好、欺骗消费者的	419	27	34		246	235	94	12	1		*	*
	违反《商标法》第六条规定的	133	27			46	65	75	30			*	*
	违反《商标法》第十条规定的	56	1			61	73	30	1			*	*
违反《商标法》第四十条第二款规定的		80	8			17	*	10	1	*	*		
违反《商标法》第十三条规定的		91	21	1	1	87	*	71	21	*	*	3833	6871
违反《商标印制管理办法》规定的		626	61	10		563	557	455	52			251412	13156
违法使用地理标志的		12	1			4	3	4				1112	
违法使用地理标志产品专用标志的		11	1			1		11	1				
违法使用特殊标志的		27	5	2		31	42	18	3	2		15	22

全国查处商标侵权假冒案件基本情况（一）

单位：件、万元

项目		案件总数（件）		其中：涉外案件		案值（万元）	罚没金额（万元）	其中：立案查处（件，万元）					
										处罚程度		利用互联网实施侵权假冒案件	
		合计	其中：投诉案件	小计	其中：投诉案件			小计	其中：投诉案件	罚款10–100万元	罚款100万元以上	案件数	案值
合计		37219	11477	9636	3851	48993	39202	28431	10178	1148	4	416	1380
假冒商标	小计	6758	2182	2325	1056	10930	7981	5167	2011	259		84	206
	未经注册商标所有人的许可，在相同商品上使用与其注册商标相同的商标的	3133	1119	1100	474	7308	3858	2405	1009	96		14	15
	伪造、擅自制造他人注册商标标识或者销售伪造、擅自制造的注册商标标识的	703	183	169	67	832	859	510	148	74		3	3
	销售明知是假冒注册商标的商品的	2922	880	1056	515	2790	3263	2252	854	89		67	189
商标侵权	小计	30461	9295	7311	2795	38064	31222	23264	8167	889	4	332	1174
	未经注册商标所有人的许可，在相同商品上使用与其注册商标近似的商标或在类似商品上使用与其注册商标相同或近似的商标的	5266	1377	1656	485	11787	8032	3948	1295	245	1	33	155
	销售侵犯注册商标专用权的商品的	23027	7464	5399	2233	21148	20704	17888	6505	576	3	289	1000
	在同一种或类似商品上，将与他人注册商标相同或近似的标志作为商品名称或者商品装潢使用，误导公众的	922	157	150	45	1479	1189	529	118	15		4	13
	故意为侵犯他人注册商标专用权行为提供仓储、运输、邮寄、隐匿便利条件的	75	31	23	9	124	126	70	30	6			
	未经商标注册人同意更换其注册商标并将该更换商标的商品又投入市场的	48	6	9		126	102	43	6	2			
	给他人注册商标专用权造成其他损害的	321	62	28	10	418	211	166	47	2		2	3
	侵犯地理标志专用权的	45	11			223	34	26	3				
	侵犯特殊标志所有权的	107	8	1		226	50	77	8	1		1	
	侵犯驰名商标权益的	650	179	45	13	2533	774	517	155	42		3	3

全国查处商标侵权假冒案件基本情况（二）

单位：件、人

项目		没收、销毁侵权商品（件）	没收、销毁侵权商标标识（件）	没收、销毁专门用于制造侵权商品和伪造注册商标标识的工具（件）	移送司法机关（件，人）					
					案件数		人数	其中：涉外案件		
					合计	其中：投诉案件		合计	其中：投诉案件	人数
合计		11892163	11881862	43706	*	*	*	*	*	*
假冒商标	小计	3583681	6948018	26954	300	143	215	187	89	143
	未经注册商标所有人的许可，在相同商品上使用与其注册商标相同的商标的	2589898	993247	26667	180	106	102	113	73	61
	伪造、擅自制造他人注册商标标识或者销售伪造、擅自制造的注册商标标识的	181916	5863369	158	16	5	11	9	1	7
	销售明知是假冒注册商标的商品的	811867	91402	129	104	32	102	65	15	75
商标侵权	小计	8308482	4933844	16752	*	*	*	*	*	*
	未经注册商标所有人的许可，在相同商品上使用与其注册商标近似的商标或在类似商品上使用与其注册商标相同或近似的商标的	2893656	1352480	783	*	*	*	*	*	*
	销售侵犯注册商标专用权的商品的	4941156	2516372	7026	*	*	*	*	*	*
	在同一种或类似商品上，将与他人注册商标相同或近似的标志作为商品名称或者商品装潢使用，误导公众的	327254	210133	39	*	*	*	*	*	*
	故意为侵犯他人注册商标专用权行为提供仓储、运输、邮寄、隐匿便利条件的	23773	144879	29	*	*	*	*	*	*
	未经商标注册人同意更换其注册商标并将该更换商标的商品又投入市场的	9	1452		*	*	*	*	*	*
	给他人注册商标专用权造成其他损害的	41165	41931	4	*	*	*	*	*	*
	侵犯地理标志专用权的	1586	266611	7939	*	*	*	*	*	*
	侵犯特殊标志所有权的	408	40							
	侵犯驰名商标权益的	79475	399946	932	*	*	*	*	*	*

全国各地区查处商标违法案件基本情况

单位：件、万元

项目	一般违法				侵权假冒			
	案件总数	其中：涉外案件	案值	罚款金额	案件总数	其中：涉外案件	案值	罚款金额
合计	5231	208	10568.13	4065.30	37219	9636	48993.45	39202.21
北京	7		6.59	3.08	1100	402	882.54	1112.22
天津	9		25.90	11.10	399	8	390.55	423.55
河北	103	16	138.32	129.24	548	85	426.88	499.53
山西	67		31.41	32.63	476	42	173.80	211.90
内蒙古	25		6.08	13.93	126	1	64.87	91.68
辽宁	79		45.73	42.87	377	67	360.22	326.48
吉林	25	1	31.96	23.94	258	32	250.01	283.85
黑龙江	171		1.50	1.00	61	10	46.41	42.12
上海	69		1167.50	145.36	2171	1543	2794.30	1597.30
江苏	138	2	3339.68	115.17	2617	141	7847.30	4623.84
浙江	346	7	1178.50	558.96	4901	2646	7982.11	8002.89
安徽	306		269.93	234.95	1712	68	890.30	952.77
福建	317	24	172.76	188.98	2439	908	2749.54	2567.34

（续上表）

项目	一般违法				侵权假冒			
	案件总数	其中：涉外案件	案值	罚款金额	案件总数	其中：涉外案件	案值	罚款金额
江西	44		77.60	29.55	264	10	400.29	218.54
山东	209		156.85	117.81	1055	76	1183.61	897.28
河南	431		839.78	231.44	2512	89	1515.96	1251.98
湖北	718	10	841.89	676.34	2627	24	6438.16	3006.15
湖南	167		162.21	122.38	1203	13	911.48	998.28
广东	452	73	768.29	357.79	5719	3130	8995.47	7613.96
广西	90		62.63	33.45	1339	34	571.14	389.76
海南	159	32	32.83	50.67	489	63	210.38	213.46
重庆	38		38.76	139.85	263	48	578.91	681.20
四川	313		379.77	291.88	1281	54	1088.68	1171.64
贵州	133	4	163.00	43.65	465	1	327.59	220.07
云南	206		126.60	97.08	723	10	502.73	453.26
西藏	13		6.64	5.88	58		39.11	48.41
陕西	282	35	86.15	127.64	690	71	120.38	363.80
甘肃	149		94.34	96.15	488	6	304.23	287.06
青海	4		0.02	0.05	232	10	104.63	118.33
宁夏	18	3	1.81	7.01	154		65.12	62.21
新疆	143	1	313.10	135.47	472	44	776.75	471.35

2014年各省、自治区、直辖市商标申请与注册统计详表

说明：申请件数、注册件数指2013年12月16日－2014年12月15日的商标统计情况，其他指截至2014年12月15日的统计情况

以下行政区划参照统计局2014年1月17日公布的《最新县及县以上行政区划代码》

单位：件

地名		申请件数	注册件数	有效注册量	地理标志	中国申请人马德里注册
北京市	北京市	191152	91252	545713	8	1271
	东城区	11651	5749	41141	0	79
	西城区	13551	7508	53587	0	185
	朝阳区	49877	23232	126890	0	326
	丰台区	13403	6558	37885	1	48
	石景山区	7369	3793	13175	0	17
	海淀区	53901	21648	137716	0	350
	门头沟区	2107	905	5592	2	11
	房山区	3101	1937	10952	1	9
	通州区	8213	4764	22860	0	31
	顺义区	3293	2272	13681	0	49
	昌平区	6724	3228	17733	0	41
	大兴区	6121	3019	24149	1	53
	怀柔区	3026	1333	7849	1	22
	平谷区	2383	1510	6785	1	13
	密云县	1980	982	5729	1	3
	延庆县	457	276	2274	0	6
天津市	天津市	25195	16324	91133	21	248
	和平区	967	438	3878	0	4
	河东区	760	373	3826	0	5
	河西区	1024	667	4588	0	16
	南开区	1534	1017	6844	0	6
	河北区	742	392	2656	0	4
	红桥区	487	397	2663	0	6
	东丽区	1035	1149	6707	0	14
	西青区	2569	1022	6211	1	18
	津南区	943	755	4174	1	5
	北辰区	1292	1123	7219	0	16
	武清区	2406	1053	6554	8	16

（续上表）

地名			申请件数	注册件数	有效注册量	地理标志	中国申请人马德里注册
天津市	宝坻区		612	371	2462	6	5
	蓟县		353	229	1185	1	0
	宁河县		712	348	1558	1	4
	静海县		1281	718	4491	0	8
	开发区		781	348	3221	0	0
	滨海新区		3667	4218	12846	3	12
河北省	河北省		55460	30710	191929	33	249
	石家庄市	石家庄市	14535	7947	47464	6	62
		长安区	1129	704	3300	–	0
		桥东区	982	883	3380	–	1
		桥西区	756	576	2895	–	2
		新华区	774	755	3369	–	4
		裕华区	994	662	3447	–	0
		井陉矿区	9	5	32	–	0
		辛集市	542	401	2633	–	11
		藁城市	346	393	2185	–	2
		晋州市	381	438	2604	–	1
		新乐市	293	287	1740	–	1
		鹿泉市	189	131	933	–	0
		井陉县	32	50	373	–	0
		正定县	472	355	2218	–	4
		栾城县	226	168	1264	–	1
		行唐县	91	71	477	–	0
		灵寿县	61	71	380	–	0
		高邑县	53	43	349	–	1
		深泽县	163	105	569	–	0
		赞皇县	57	44	314	–	1
		无极县	219	217	1142	–	0
		平山县	86	78	640	–	1
		元氏县	84	85	429	–	1
		赵县	235	175	1005	–	1

（续上表）

地名			申请件数	注册件数	有效注册量	地理标志	中国申请人马德里注册
河北省	石家庄市	开发区	86	11	280	–	0
	张家口市	张家口市	1169	506	4105	1	5
		桥西区	33	36	315	–	0
		桥东区	46	50	390	–	0
		宣化区	63	59	728	–	2
		下花园区	4	4	25	–	0
		宣化县	21	24	201	–	0
		张北县	43	30	176	–	0
		康保县	17	12	79	–	0
		沽源县	34	39	107	–	0
		尚义县	36	8	51	–	0
		蔚县	20	32	212	–	0
		阳原县	17	17	155	–	0
		怀安县	6	5	46	–	0
		万全县	69	30	179	–	0
		怀来县	105	86	643	–	2
		涿鹿县	32	24	415	–	1
		赤城县	23	11	64	–	0
		崇礼县	17	11	67	–	0
		高新区	74	23	94	–	0
		察北区	20	2	28	–	0
		塞北区	0	0	4	–	0
	承德市	承德市	1258	749	4546	5	5
		双桥区	97	115	635	–	0
		双滦区	49	14	167	–	0
		鹰手营子矿区	3	9	53	–	0
		承德县	79	40	372	–	0
		兴隆县	59	51	428	–	0
		平泉县	189	90	702	–	0
		滦平县	41	58	193	–	0
		隆化县	142	86	460	–	0
		丰宁满族自治县	78	70	328	–	0

（续上表）

地　名			申请件数	注册件数	有效注册量	地理标志	中国申请人马德里注册
河北省	承德市	宽城满族自治县	119	66	306	–	1
		围场满族蒙古族自治县	87	74	322	–	0
	秦皇岛市	秦皇岛市	3326	1194	8215	0	11
		海港区	530	402	2529	–	3
		山海关区	88	55	715	–	1
		北戴河区	84	48	311	–	0
		昌黎县	112	147	1598	–	1
		抚宁县	191	76	684	–	1
		卢龙县	67	55	444	–	0
		青龙满族自治县	61	24	158	–	0
		开发区	63	4	303	–	0
	唐山市	唐山市	3650	1994	14315	2	32
		路北区	353	255	1942	–	2
		路南区	498	159	1161	–	0
		古冶区	38	38	305	–	0
		开平区	89	73	506	–	2
		丰润区	245	233	1609	–	1
		丰南区	112	90	754	–	1
		遵化市	181	169	1025	–	3
		迁安市	170	157	825	–	0
		滦县	52	130	688	–	0
		滦南县	105	134	982	–	11
		乐亭县	35	97	491	–	1
		迁西县	112	101	442	–	3
		玉田县	216	203	1450	–	1
		曹妃甸区	47	26	223	–	0
		南堡开发区	4	2	62	–	1
		汉沽管理区	9	4	43	–	0
		高新区	139	61	967	–	0
		海港开发区	46	15	84	–	0
		芦台开发区	37	26	173	–	0
	廊坊市	廊坊市	4544	2684	16929	1	11

（续上表）

地 名			申请件数	注册件数	有效注册量	地理标志	中国申请人马德里注册
河北省	廊坊市	安次区	91	108	818	–	2
		广阳区	302	389	1651	–	0
		霸州市	572	444	2812	–	2
		三河市	419	298	1617	–	2
		固安县	374	213	949	–	0
		永清县	93	76	491	–	0
		香河县	319	270	1178	–	0
		大城县	210	201	1620	–	1
		文安县	272	323	2424	–	0
		大厂回族自治县	80	47	316	–	0
		开发区	100	53	664	–	0
	保定市	保定市	9496	6197	35336	6	67
		新市区	252	215	1194	–	0
		北市区	181	394	1020	–	0
		南市区	136	143	694	–	0
		定州市	235	280	1294	–	1
		涿州市	261	133	1103	–	4
		安国市	443	291	927	–	0
		高碑店市	1110	948	5370	–	4
		满城县	166	199	1402	–	0
		清苑县	297	257	1695	–	0
		易县	143	125	690	–	1
		徐水县	274	387	2345	–	10
		涞源县	14	27	229	–	0
		定兴县	151	100	736	–	2
		顺平县	44	26	201	–	0
		唐县	66	68	358	–	0
		望都县	59	69	377	–	0
		涞水县	37	67	339	–	2
		高阳县	384	568	3081	–	2
		安新县	283	297	2000	–	3
		雄县	264	190	1265	–	1

（续上表）

地　名			申请件数	注册件数	有效注册量	地理标志	中国申请人马德里注册
河北省	保定市	容城县	171	189	1228	–	0
		曲阳县	72	52	194	–	0
		阜平县	20	26	112	–	0
		博野县	32	68	506	–	0
		蠡县	257	446	1820	–	2
	沧州市	沧州市	4976	2641	18587	4	13
		新华区	100	64	653	–	1
		运河区	180	104	897	–	0
		泊头市	235	202	1296	–	3
		任丘市	799	549	3321	–	2
		黄骅市	138	103	1027	–	0
		河间市	603	467	2853	–	0
		沧县	216	188	1563	–	1
		青县	158	177	1672	–	1
		东光县	34	9	245	–	0
		海兴县	42	24	174	–	0
		盐山县	82	77	556	–	0
		肃宁县	256	209	1058	–	0
		南皮县	62	79	474	–	3
		吴桥县	28	30	206	–	0
		献县	171	193	1125	–	0
		孟村回族自治县	102	41	266	–	0
	衡水市	衡水市	2755	1424	8425	0	17
		桃城区	242	144	765	–	0
		冀州市	197	170	1032	–	1
		深州市	85	82	738	–	5
		枣强县	155	168	884	–	1
		武邑县	94	63	490	–	0
		武强县	56	69	421	–	1
		饶阳县	43	53	403	–	0
		安平县	157	114	734	–	3
		故城县	153	206	862	–	1

（续上表）

地名			申请件数	注册件数	有效注册量	地理标志	中国申请人马德里注册
河北省	衡水市	景县	211	216	879	–	0
		阜城县	113	50	291	–	0
	邢台市	邢台市	5993	3202	19661	7	15
		桥东区	151	180	810	–	0
		桥西区	120	156	858	–	1
		南宫市	369	203	1049	–	0
		沙河市	141	212	884	–	0
		邢台县	94	83	475	–	0
		临城县	102	52	381	–	1
		内丘县	66	37	121	–	0
		柏乡县	34	24	130	–	0
		隆尧县	156	184	1529	–	0
		任县	178	192	1082	–	1
		南和县	116	137	795	–	2
		宁晋县	420	347	3003	–	4
		巨鹿县	106	134	729	–	1
		新河县	51	50	267	–	1
		广宗县	122	104	502	–	0
		平乡县	336	199	1632	–	2
		威县	138	128	785	–	0
		清河县	736	565	2806	–	0
		临西县	97	114	582	–	0
	邯郸市	邯郸市	3623	2039	12573	1	11
		丛台区	241	141	867	–	0
		邯山区	157	126	846	–	0
		复兴区	40	42	314	–	0
		峰峰矿区	30	48	333	–	0
		武安市	156	81	711	–	1
		邯郸县	118	62	400	–	0
		临漳县	87	113	400	–	0
		成安县	69	41	276	–	0
		大名县	106	203	949	–	1

（续上表）

地　名			申请件数	注册件数	有效注册量	地理标志	中国申请人马德里注册
河北省	邯郸市	涉县	52	18	228	–	0
		磁县	83	77	555	–	0
		肥乡县	28	47	199	–	0
		永年县	209	361	2008	–	1
		邱县	89	46	174	–	0
		鸡泽县	122	117	457	–	0
		广平县	47	33	255	–	1
		馆陶县	75	75	536	–	0
		魏县	173	149	845	–	0
		曲周县	132	141	844	–	4
山西省	山西省		16852	10146	61269	42	46
	太原市	太原市	6600	3309	19987	3	14
		杏花岭区	375	283	2428	–	2
		小店区	1240	883	3421	–	0
		迎泽区	585	687	3171	–	1
		尖草坪区	201	130	841	–	0
		万柏林区	480	399	1450	–	0
		晋源区	119	63	515	–	0
		古交市	14	59	184	–	0
		清徐县	150	207	1114	–	4
		阳曲县	73	31	262	–	0
		娄烦县	3	21	125	–	0
	大同市	大同市	822	385	3679	3	2
		城区	157	109	514	–	0
		矿区	21	17	160	–	0
		南郊区	73	30	185	–	0
		新荣区	9	4	46	–	0
		阳高县	36	31	156	–	0
		天镇县	12	7	92	–	0
		广灵县	16	30	174	–	1
		灵丘县	22	5	141	–	0
		浑源县	18	20	145	–	0

（续上表）

地　名			申请件数	注册件数	有效注册量	地理标志	中国申请人马德里注册
山西省	大同市	左云县	22	7	62	–	0
		大同县	40	11	89	–	0
	朔州市	朔州市	421	496	1783	5	0
		朔城区	98	147	426	–	0
		平鲁区	13	35	205	–	0
		山阴县	42	118	250	–	0
		应县	26	59	223	–	0
		右玉县	27	17	142	–	0
		怀仁县	58	65	316	–	0
	阳泉市	阳泉市	301	232	1458	1	2
		城区	55	74	211	–	0
		矿区	13	22	119	–	0
		郊区	18	36	210	–	0
		平定县	66	43	319	–	0
		盂县	48	34	246	–	1
	长治市	长治市	1007	760	4336	5	2
		城区	34	37	208	–	0
		郊区	35	38	213	–	1
		潞城市	28	20	277	–	1
		长治县	110	67	380	–	0
		襄垣县	60	78	484	–	0
		屯留县	61	48	278	–	0
		平顺县	0	8	145	–	0
		黎城县	29	9	64	–	0
		壶关县	14	18	235	–	0
		长子县	20	43	207	–	0
		武乡县	17	25	123	–	0
		沁县	38	92	525	–	0
		沁源县	10	7	36	–	0
	晋城市	晋城市	790	704	3353	0	0
		城区	80	51	408	–	0

（续上表）

地名			申请件数	注册件数	有效注册量	地理标志	中国申请人马德里注册
山西省	晋城市	高平市	62	118	567	–	0
		泽州县	62	61	329	–	0
		沁水县	7	45	148	–	0
		阳城县	64	239	874	–	0
		陵川县	21	39	254	–	0
	忻州市	忻州市	604	347	2243	0	2
		忻府区	62	116	364	–	0
		原平市	73	25	218	–	0
		定襄县	48	30	287	–	2
		五台县	34	23	196	–	0
		代县	12	17	130	–	0
		繁峙县	21	21	141	–	0
		宁武县	25	22	142	–	0
		静乐县	28	9	40	–	0
		神池县	8	12	100	–	0
		五寨县	15	9	55	–	0
		岢岚县	13	9	56	–	0
		河曲县	4	9	98	–	0
		保德县	6	17	51	–	0
		偏关县	8	5	53	–	0
	晋中市	晋中市	1336	899	5485	9	11
		榆次区	283	226	1268	–	0
		介休市	41	70	386	–	0
		榆社县	22	10	116	–	0
		左权县	43	42	102	–	0
		和顺县	4	67	173	–	0
		昔阳县	41	9	198	–	0
		寿阳县	24	31	233	–	0
		太谷县	111	90	897	–	3
		祁县	57	54	468	–	4
		平遥县	138	155	969	–	3
		灵石县	43	96	344	–	0

（续上表）

地　名			申请件数	注册件数	有效注册量	地理标志	中国申请人马德里注册
山西省	临汾市	临汾市	1204	474	4442	2	1
		尧都区	209	106	623	0	0
		侯马市	95	98	542	–	0
		霍州市	66	19	137	–	0
		曲沃县	49	30	174	–	0
		翼城县	17	57	209	–	0
		襄汾县	70	55	335	–	0
		洪洞县	66	114	603	–	1
		古县	4	10	66	–	0
		安泽县	5	9	123	–	0
		浮山县	5	7	88	–	0
		吉县	17	16	172	–	0
		乡宁县	83	15	206	–	0
		蒲县	4	5	99	–	0
		大宁县	8	5	29	–	0
		永和县	12	2	30	–	0
		隰县	3	6	75	–	0
		汾西县	9	5	52	–	0
	运城市	运城市	2183	1326	8548	11	7
		盐湖区	389	322	1368	–	0
		永济市	96	62	601	–	1
		河津市	46	56	417	–	0
		芮城县	104	98	525	–	3
		临猗县	194	110	796	–	3
		万荣县	54	62	414	–	0
		新绛县	91	53	457	–	0
		稷山县	50	91	434	–	0
		闻喜县	74	57	617	–	0
		夏县	62	72	298	–	0
		绛县	48	27	202	–	0
		平陆县	34	17	189	–	0
		垣曲县	31	55	179	–	0

（续上表）

地　名			申请件数	注册件数	有效注册量	地理标志	中国申请人马德里注册
山西省	吕梁市	吕梁市	1573	1041	5516	1	5
		离石区	47	56	382	–	0
		孝义市	79	74	460	–	0
		汾阳市	365	409	2111	–	4
		文水县	92	69	634	–	0
		中阳县	24	16	80	–	0
		兴县	22	24	97	–	0
		临县	69	80	324	–	0
		方山县	39	19	220	–	0
		柳林县	47	43	195	–	0
		岚县	99	86	279	–	0
		交口县	13	26	97	–	0
		交城县	46	120	482	–	1
		石楼县	16	15	67	–	0
内蒙古自治区	内蒙古自治区		17609	9788	64702	35	73
	呼和浩特市	呼和浩特市	4586	2598	19456	6	21
		新城区	765	513	3670	–	1
		回民区	594	281	1842	–	0
		玉泉区	347	251	1659	–	0
		赛罕区	1000	435	2158	–	0
		托克托县	82	52	337	–	0
		武川县	89	30	231	–	0
		和林格尔县	369	309	2442	–	2
		清水河县	54	32	160	–	0
		土默特左旗	143	116	553	–	0
	包头市	包头市	2877	1514	9470	1	17
		昆都仑区	149	64	640	–	3
		东河区	151	141	1177	–	2
		青山区	259	279	2240	–	4
		石拐区	12	9	55	–	0
		白云鄂博矿区	1	5	13	–	0

（续上表）

地名			申请件数	注册件数	有效注册量	地理标志	中国申请人马德里注册
内蒙古自治区	包头市	九原区	125	165	779	–	0
		固阳县	62	21	214	–	0
		土默特右旗	90	91	503	–	0
		达尔罕茂明安联合旗	100	28	116	–	0
		包头稀土高新技术产业开发区	102	29	410	–	0
	乌海市	乌海市	209	140	853	0	0
		海勃湾区	109	110	518	–	0
		海南区	8	10	113	–	0
		乌达区	7	15	142	–	0
	赤峰市	赤峰市	2133	1150	6009	7	6
		红山区	212	318	1655	–	0
		元宝山区	165	101	855	–	3
		松山区	309	223	649	–	0
		宁城县	84	108	675	–	1
		林西县	19	34	184	–	0
		阿鲁科尔沁旗	37	22	147	–	1
		巴林左旗	88	22	216	–	0
		巴林右旗	28	18	115	–	0
		克什克腾旗	35	52	217	–	0
		翁牛特旗	173	117	428	–	0
		喀喇沁旗	50	53	237	–	0
		敖汉旗	79	64	370	–	0
	通辽市	通辽市	949	650	3831	4	0
		科尔沁区	319	221	1084	–	0
		霍林郭勒市	16	16	138	–	0
		开鲁县	34	28	208	–	0
		库伦旗	34	34	120	–	0
		奈曼旗	60	58	320	–	0
		扎鲁特旗	30	24	180	–	0
		科尔沁左翼中旗	62	34	162	–	0
		科尔沁左翼后旗	40	25	186	–	0
		通辽开发区	0	0	1	–	0

（续上表）

地　名			申请件数	注册件数	有效注册量	地理标志	中国申请人马德里注册
内蒙古自治区	呼伦贝尔市	呼伦贝尔市	1488	670	3309	1	10
		海拉尔区	149	80	583	–	5
		满洲里市	81	82	427	–	2
		扎兰屯市	75	83	450	–	0
		牙克石市	598	114	440	–	1
		根河市	98	90	299	–	1
		额尔古纳市	35	5	112	–	0
		阿荣旗	39	35	265	–	0
		陈巴尔虎旗	74	12	57	–	0
		新巴尔虎左旗	20	7	26	–	0
		新巴尔虎右旗	18	6	22	–	0
		鄂伦春自治旗	71	24	183	–	0
		鄂温克族自治旗	58	17	172	–	0
		莫力达瓦达斡尔族自治旗	58	33	142	–	1
	鄂尔多斯市	鄂尔多斯市	1899	991	11705	1	15
		东胜区	956	546	7551	–	13
		达拉特旗	352	118	1285	–	1
		准格尔旗	54	55	630	–	0
		鄂托克前旗	45	19	274	–	0
		鄂托克旗	37	64	368	–	0
		杭锦旗	72	50	577	–	0
		乌审旗	44	65	321	–	0
		伊金霍洛旗	21	14	249	–	0
	乌兰察布市	乌兰察布市	793	397	2156	5	0
		集宁区	153	64	588	–	0
		丰镇市	122	20	131	–	0
		卓资县	30	63	187	–	0
		化德县	23	18	107	–	0
		商都县	28	84	288	–	0
		兴和县	25	24	156	–	0
		凉城县	75	24	154	–	0
		察哈尔右翼前旗	43	15	110	–	0

（续上表）

地名			申请件数	注册件数	有效注册量	地理标志	中国申请人马德里注册
内蒙古自治区	乌兰察布市	察哈尔右翼中旗	35	16	88	–	0
内蒙古自治区	乌兰察布市	察哈尔右翼后旗	44	6	127	–	0
内蒙古自治区	乌兰察布市	四子王旗	122	55	178	–	0
内蒙古自治区	巴彦淖尔市	巴彦淖尔市	971	622	3410	3	2
内蒙古自治区	巴彦淖尔市	临河区	371	219	1709	–	0
内蒙古自治区	巴彦淖尔市	五原县	137	88	491	–	1
内蒙古自治区	巴彦淖尔市	磴口县	32	54	199	–	0
内蒙古自治区	巴彦淖尔市	乌拉特前旗	79	111	438	–	0
内蒙古自治区	巴彦淖尔市	乌拉特中旗	47	48	139	–	0
内蒙古自治区	巴彦淖尔市	乌拉特后旗	35	9	78	–	0
内蒙古自治区	巴彦淖尔市	杭锦后旗	105	71	225	–	1
内蒙古自治区	兴安盟	兴安盟	540	339	1416	1	0
内蒙古自治区	兴安盟	乌兰浩特市	168	174	747	–	0
内蒙古自治区	兴安盟	阿尔山市	50	10	114	–	0
内蒙古自治区	兴安盟	突泉县	36	25	121	–	0
内蒙古自治区	兴安盟	科尔沁右翼前旗	63	55	188	–	0
内蒙古自治区	兴安盟	科尔沁右翼中旗	20	26	75	–	0
内蒙古自治区	兴安盟	扎赉特旗	70	41	161	–	0
内蒙古自治区	锡林郭勒盟	锡林郭勒盟	759	327	1880	4	2
内蒙古自治区	锡林郭勒盟	锡林浩特市	289	113	617	–	0
内蒙古自治区	锡林郭勒盟	二连浩特市	84	26	112	–	1
内蒙古自治区	锡林郭勒盟	多伦县	26	17	151	–	0
内蒙古自治区	锡林郭勒盟	阿巴嘎旗	24	13	47	–	0
内蒙古自治区	锡林郭勒盟	苏尼特左旗	27	5	21	–	0
内蒙古自治区	锡林郭勒盟	苏尼特右旗	31	12	97	–	0
内蒙古自治区	锡林郭勒盟	东乌珠穆沁旗	44	28	130	–	0
内蒙古自治区	锡林郭勒盟	西乌珠穆沁旗	34	16	78	–	0
内蒙古自治区	锡林郭勒盟	太仆寺旗	51	37	211	–	0
内蒙古自治区	锡林郭勒盟	镶黄旗	13	22	70	–	0
内蒙古自治区	锡林郭勒盟	正镶白旗	16	7	113	–	0
内蒙古自治区	锡林郭勒盟	正蓝旗	68	26	150	–	0
内蒙古自治区	锡林郭勒盟	乌拉盖综合经济开发区	3	3	32	–	0

（续上表）

地　名			申请件数	注册件数	有效注册量	地理标志	中国申请人马德里注册
内蒙古自治区	阿拉善盟	阿拉善盟	241	142	586	2	0
		阿拉善左旗	160	118	480	–	0
		阿拉善右旗	17	19	51	–	0
		额济纳旗	9	3	24	–	0
辽宁省	辽宁省		37088	24591	151170	96	381
	沈阳市	沈阳市	14304	9068	58384	5	81
		沈河区	1501	1794	9937	–	13
		和平区	1137	1168	8597	–	3
		大东区	706	679	4497	–	9
		皇姑区	953	759	5034	–	3
		铁西区	988	1046	5673	–	6
		苏家屯区	324	336	2286	–	0
		东陵区	398	430	3798	–	9
		沈北新区	342	460	2398	–	1
		于洪区	683	668	4436	–	2
		新民市	357	338	1556	–	0
		辽中县	287	298	1413	–	0
		康平县	71	96	405	–	0
		法库县	247	244	931	–	2
	朝阳市	朝阳市	970	367	2431	1	5
		双塔区	86	69	429	–	0
		龙城区	49	61	300	–	2
		北票市	96	55	331	–	0
		凌源市	71	44	304	–	1
		朝阳县	72	33	179	–	0
		建平县	61	41	387	–	0
		喀喇沁左翼蒙古族自治县	33	10	78	–	2
	阜新市	阜新市	579	304	1854	0	8
		细河区	35	31	227	–	1
		海州区	39	43	430	–	0
		新邱区	8	7	111	–	2

（续上表）

地　名			申请件数	注册件数	有效注册量	地理标志	中国申请人马德里注册
辽宁省	阜新市	太平区	13	22	197	–	2
		清河门区	11	5	48	–	0
		彰武县	59	61	387	–	0
		阜新蒙古族自治县	79	73	429	–	1
	铁岭市	铁岭市	1281	664	4199	12	1
		银州区	113	85	821	–	0
		清河区	12	18	306	–	1
		调兵山市	71	34	278	–	0
		开原市	183	140	708	–	0
		铁岭县	119	166	708	–	0
		西丰县	179	67	469	–	0
		昌图县	210	121	664	–	0
	抚顺市	抚顺市	840	563	4083	4	13
		顺城区	109	180	838	–	1
		新抚区	49	63	638	–	2
		东洲区	32	35	270	–	2
		望花区	47	50	440	–	0
		抚顺县	32	66	480	–	0
		新宾满族自治县	105	45	309	–	0
		清原满族自治县	86	70	409	–	0
	本溪市	本溪市	656	294	2382	17	1
		平山区	72	60	402	–	1
		溪湖区	35	29	198	–	0
		明山区	52	31	510	–	0
		南芬区	13	8	58	–	0
		本溪满族自治县	82	40	201	–	0
		桓仁满族自治县	146	72	618	–	0
	辽阳市	辽阳市	1124	996	5121	2	4
		白塔区	116	89	554	–	0
		文圣区	38	45	351	–	0
		宏伟区	21	32	348	–	2
		弓长岭区	14	19	114	–	0

（续上表）

地名			申请件数	注册件数	有效注册量	地理标志	中国申请人马德里注册
辽宁省	辽阳市	太子河区	52	52	324	–	0
		灯塔市	333	505	1996	–	0
		辽阳县	217	231	1196	–	1
	鞍山市	鞍山市	2096	1300	10062	3	21
		铁东区	146	218	1569	–	12
		铁西区	93	119	1114	–	0
		立山区	66	70	590	–	0
		千山区	98	153	863	–	0
		海城市	756	560	4398	–	7
		台安县	112	67	414	–	0
		岫岩满族自治县	135	74	453	–	0
	丹东市	丹东市	1017	719	4622	9	8
		振兴区	121	223	1235	–	3
		元宝区	47	80	593	–	1
		振安区	54	47	387	–	0
		凤城市	154	117	597	–	0
		东港市	244	134	988	–	4
		宽甸满族自治县	111	63	459	–	0
	大连市	大连市	9408	5047	41466	11	209
		西岗区	987	661	4315	–	1
		中山区	933	751	6718	–	11
		沙河口区	939	807	5293	–	7
		甘井子区	812	875	6749	–	131
		旅顺口区	139	109	1070	–	2
		金州区	250	234	2165	–	0
		瓦房店市	273	229	1556	–	4
		普兰店市	255	206	1536	–	14
		庄河市	254	160	1126	–	1
		长海县	104	122	1521	–	0
	营口市	营口市	1181	782	4987	7	6
		站前区	69	80	641	–	0
		西市区	82	80	542	–	2

（续上表）

地名			申请件数	注册件数	有效注册量	地理标志	中国申请人马德里注册
辽宁省	营口市	鲅鱼圈区	82	97	610	–	0
		老边区	58	41	295	–	1
		大石桥市	285	233	1473	–	2
		盖州市	122	167	868	–	0
	盘锦市	盘锦市	775	664	3336	3	2
		兴隆台区	205	161	1296	–	0
		双台子区	48	44	425	–	0
		大洼县	84	75	776	–	0
		盘山县	70	52	455	–	0
	锦州市	锦州市	924	526	4248	0	9
		太和区	122	112	1005	–	1
		古塔区	45	43	540	–	0
		凌河区	121	72	600	–	0
		凌海市	101	54	451	–	2
		北镇市	94	79	572	–	0
		黑山县	103	78	426	–	1
		义县	26	31	195	–	2
	葫芦岛市	葫芦岛市	768	533	3371	20	13
		龙港区	39	55	581	–	1
		连山区	59	56	533	–	0
		南票区	12	14	53	–	0
		兴城市	225	244	1158	–	6
		绥中县	83	86	565	–	1
		建昌县	41	43	203	–	0
吉林省	吉林省		18813	10252	70672	46	74
	长春市	长春市	8409	4302	30861	5	33
		南关区	732	595	3311	–	2
		朝阳区	704	644	4554	–	2
		宽城区	449	393	2966	–	9
		二道区	379	306	1696	–	1
		绿园区	510	357	2590	–	3
		双阳区	112	121	854	–	0

（续上表）

地　名			申请件数	注册件数	有效注册量	地理标志	中国申请人马德里注册
吉林省	长春市	德惠市	235	160	995	–	1
		九台市	270	157	982	–	0
		榆树市	270	160	1023	–	0
		农安县	323	262	1241	–	0
	白城市	白城市	478	376	2025	7	2
		洮北区	54	64	289	–	0
		大安市	93	52	264	–	1
		洮南市	64	66	473	–	0
		镇赉县	38	45	262	–	0
		通榆县	57	82	277	–	1
	松原市	松原市	861	471	2587	8	0
		宁江区	128	106	581	–	0
		扶余县	89	112	597	–	0
		长岭县	113	74	370	–	0
		乾安县	35	20	153	–	0
		前郭尔罗斯蒙古族自治县	218	104	560	–	0
	吉林市	吉林市	2296	1400	10455	4	10
		船营区	222	169	1677	–	4
		龙潭区	154	135	967	–	1
		昌邑区	291	239	1527	–	0
		丰满区	148	101	809	–	0
		磐石市	137	128	717	–	0
		蛟河市	252	175	860	–	0
		桦甸市	169	124	827	–	0
		舒兰市	121	82	608	–	0
		永吉县	125	79	561	–	1
	四平市	四平市	1677	681	4064	2	9
		铁西区	132	127	642	–	2
		铁东区	91	57	529	–	1
		双辽市	90	42	281	–	1
		公主岭市	292	185	1304	–	0
		梨树县	134	92	583	–	0

（续上表）

地名			申请件数	注册件数	有效注册量	地理标志	中国申请人马德里注册
吉林省	四平市	伊通满族自治县	107	86	401	–	0
	辽源市	辽源市	620	332	2650	1	3
		龙山区	75	88	598	–	0
		西安区	61	53	801	–	0
		东丰县	87	65	451	–	0
		东辽县	103	52	273	–	1
	通化市	通化市	2021	998	7144	11	10
		东昌区	92	57	386	–	0
		二道江区	15	10	175	–	0
		梅河口市	438	208	1647	–	2
		集安市	189	225	704	–	2
		通化县	107	61	641	–	2
		辉南县	237	130	866	–	0
		柳河县	177	111	941	–	0
	白山市	白山市	784	518	2964	3	1
		浑江区	44	94	612	–	0
		江源区	40	46	228	–	0
		临江市	71	49	300	–	0
		抚松县	220	191	1020	–	1
		靖宇县	95	89	364	–	0
		长白朝鲜族自治县	33	30	186	–	0
	延边朝鲜族自治州	延边朝鲜族自治州	1463	923	6203	4	6
		延吉市	658	331	2798	–	3
		图们市	23	35	309	–	0
		敦化市	182	166	1061	–	0
		珲春市	105	76	449	–	2
		龙井市	59	65	434	–	1
		和龙市	64	27	286	–	0
		汪清县	189	47	251	–	0
		安图县	159	147	584	–	0
黑龙江省	黑龙江省		23672	12861	94475	44	152
	哈尔滨市	哈尔滨市	13031	6949	49293	5	71

（续上表）

地名			申请件数	注册件数	有效注册量	地理标志	中国申请人马德里注册
黑龙江省	哈尔滨市	松北区	333	194	931	–	0
		道里区	1958	941	6576	–	10
		南岗区	1629	1662	13983	–	15
		道外区	1323	842	6675	–	6
		香坊区	716	806	5359	–	16
		平房区	121	94	1255	–	2
		呼兰区	198	118	959	–	3
		阿城区	269	249	1241	–	0
		双城市	363	216	1598	–	2
		尚志市	232	108	934	–	0
		五常市	1018	685	2577	–	3
		依兰县	70	47	354	–	0
		方正县	59	41	327	–	0
		宾县	207	135	742	–	1
		巴彦县	115	74	414	–	0
		木兰县	82	40	258	–	0
		通河县	70	32	181	–	0
		延寿县	71	57	475	–	0
	齐齐哈尔市	齐齐哈尔市	1778	1021	7359	11	11
		建华区	125	138	859	–	0
		龙沙区	161	111	1188	–	2
		铁锋区	49	61	715	–	3
		昂昂溪区	31	26	153	–	0
		富拉尔基区	94	63	415	–	2
		碾子山区	27	17	85	–	2
		梅里斯达斡尔族区	39	25	121	–	0
		讷河市	153	111	612	–	0
		龙江县	79	80	375	–	0
		依安县	65	57	359	–	1
		泰来县	47	37	225	–	0
		甘南县	88	53	365	–	0
		富裕县	62	67	372	–	0

（续上表）

地名			申请件数	注册件数	有效注册量	地理标志	中国申请人马德里注册
黑龙江省	齐齐哈尔市	克山县	54	64	375	–	0
		克东县	82	50	571	–	0
		拜泉县	111	50	290	–	0
	黑河市	黑河市	526	465	2059	2	2
		爱辉区	22	85	272	–	0
		北安市	81	98	443	–	0
		五大连池市	108	164	559	–	0
		嫩江县	85	53	354	–	0
		逊克县	19	28	107	–	0
		孙吴县	23	20	79	–	0
	大庆市	大庆市	1627	772	6021	4	10
		萨尔图区	155	171	1192	–	0
		龙凤区	98	59	509	–	0
		让胡路区	118	128	1238	–	1
		大同区	27	24	217	–	0
		红岗区	29	16	199	–	0
		肇州县	55	46	253	–	1
		肇源县	84	56	379	–	1
		林甸县	33	36	422	–	1
		杜尔伯特蒙古族自治县	96	77	390	–	1
	伊春市	伊春市	584	343	2470	2	3
		伊春区	62	61	510	–	0
		南岔区	20	24	175	–	0
		友好区	18	20	175	–	0
		西林区	3	3	46	–	0
		翠峦区	9	14	131	–	0
		新青区	14	6	38	–	0
		美溪区	10	11	83	–	0
		金山屯区	10	4	45	–	0
		五营区	6	14	87	–	1
		乌马河区	9	31	72	–	0

（续上表）

地 名			申请件数	注册件数	有效注册量	地理标志	中国申请人马德里注册
黑龙江省	伊春市	汤旺河区	11	6	37	–	0
		带岭区	16	6	37	–	0
		乌伊岭区	0	0	13	–	0
		红星区	0	8	25	–	0
		上甘岭区	3	17	78	–	0
		铁力市	164	106	690	–	2
		嘉荫县	10	11	92	–	0
	鹤岗市	鹤岗市	345	194	1670	1	2
		向阳区	12	15	126	–	0
		兴山区	1	2	37	–	0
		工农区	41	48	452	–	1
		南山区	11	18	139	–	0
		兴安区	10	6	80	–	0
		东山区	21	22	140	–	1
		萝北县	82	56	362	–	0
		绥滨县	14	18	210	–	0
	佳木斯市	佳木斯市	1244	579	5044	2	6
		前进区	46	49	668	–	1
		向阳区	129	102	687	–	3
		东风区	35	32	498	–	0
		郊区	111	101	720	–	0
		同江市	46	43	198	–	1
		富锦市	83	71	588	–	0
		桦南县	65	62	320	–	0
		桦川县	66	44	442	–	0
		汤原县	55	44	328	–	0
		抚远县	19	15	118	–	0
	双鸭山市	双鸭山市	425	208	1940	1	0
		尖山区	29	21	329	–	0
		岭东区	13	4	39	–	0
		四方台区	5	8	76	–	0
		宝山区	7	7	81	–	0

（续上表）

<table>
<tr><th colspan="3">地　名</th><th>申请件数</th><th>注册件数</th><th>有效注册量</th><th>地理标志</th><th>中国申请人马德里注册</th></tr>
<tr><td rowspan="33">黑龙江省</td><td rowspan="4">双鸭山市</td><td>集贤县</td><td>44</td><td>26</td><td>277</td><td>–</td><td>0</td></tr>
<tr><td>友谊县</td><td>18</td><td>24</td><td>215</td><td>–</td><td>0</td></tr>
<tr><td>宝清县</td><td>98</td><td>60</td><td>556</td><td>–</td><td>0</td></tr>
<tr><td>饶河县</td><td>35</td><td>53</td><td>331</td><td>–</td><td>0</td></tr>
<tr><td rowspan="5">七台河市</td><td>七台河市</td><td>303</td><td>104</td><td>820</td><td>0</td><td>1</td></tr>
<tr><td>桃山区</td><td>30</td><td>24</td><td>217</td><td>–</td><td>0</td></tr>
<tr><td>新兴区</td><td>30</td><td>25</td><td>216</td><td>–</td><td>1</td></tr>
<tr><td>茄子河区</td><td>18</td><td>17</td><td>94</td><td>–</td><td>0</td></tr>
<tr><td>勃利县</td><td>66</td><td>36</td><td>266</td><td>–</td><td>0</td></tr>
<tr><td rowspan="10">鸡西市</td><td>鸡西市</td><td>568</td><td>352</td><td>2762</td><td>2</td><td>8</td></tr>
<tr><td>鸡冠区</td><td>91</td><td>129</td><td>792</td><td>–</td><td>6</td></tr>
<tr><td>恒山区</td><td>13</td><td>21</td><td>139</td><td>–</td><td>0</td></tr>
<tr><td>滴道区</td><td>5</td><td>11</td><td>73</td><td>–</td><td>0</td></tr>
<tr><td>梨树区</td><td>12</td><td>9</td><td>66</td><td>–</td><td>0</td></tr>
<tr><td>城子河区</td><td>6</td><td>11</td><td>89</td><td>–</td><td>0</td></tr>
<tr><td>麻山区</td><td>6</td><td>5</td><td>39</td><td>–</td><td>1</td></tr>
<tr><td>虎林市</td><td>105</td><td>72</td><td>747</td><td>–</td><td>0</td></tr>
<tr><td>密山市</td><td>106</td><td>56</td><td>541</td><td>–</td><td>0</td></tr>
<tr><td>鸡东县</td><td>58</td><td>38</td><td>252</td><td>–</td><td>0</td></tr>
<tr><td rowspan="11">牡丹江市</td><td>牡丹江市</td><td>1312</td><td>807</td><td>7194</td><td>3</td><td>27</td></tr>
<tr><td>东安区</td><td>84</td><td>105</td><td>893</td><td>–</td><td>2</td></tr>
<tr><td>爱民区</td><td>47</td><td>58</td><td>714</td><td>–</td><td>0</td></tr>
<tr><td>阳明区</td><td>75</td><td>68</td><td>593</td><td>–</td><td>0</td></tr>
<tr><td>西安区</td><td>98</td><td>128</td><td>1063</td><td>–</td><td>0</td></tr>
<tr><td>穆棱市</td><td>76</td><td>58</td><td>332</td><td>–</td><td>1</td></tr>
<tr><td>绥芬河市</td><td>111</td><td>89</td><td>767</td><td>–</td><td>18</td></tr>
<tr><td>海林市</td><td>118</td><td>90</td><td>833</td><td>–</td><td>0</td></tr>
<tr><td>宁安市</td><td>131</td><td>105</td><td>873</td><td>–</td><td>0</td></tr>
<tr><td>东宁县</td><td>57</td><td>54</td><td>343</td><td>–</td><td>5</td></tr>
<tr><td>林口县</td><td>67</td><td>44</td><td>302</td><td>–</td><td>0</td></tr>
<tr><td rowspan="2">绥化市</td><td>绥化市</td><td>1652</td><td>889</td><td>5986</td><td>6</td><td>11</td></tr>
<tr><td>北林区</td><td>200</td><td>181</td><td>840</td><td>–</td><td>2</td></tr>
</table>

（续上表）

地名			申请件数	注册件数	有效注册量	地理标志	中国申请人马德里注册
黑龙江省	绥化市	安达市	94	93	561	–	0
		肇东市	296	141	931	–	0
		海伦市	170	115	772	–	9
		望奎县	88	62	343	–	0
		兰西县	82	69	493	–	0
		青冈县	56	37	215	–	0
		庆安县	67	46	554	–	0
		明水县	55	78	255	–	0
		绥棱县	73	39	386	–	0
	大兴安岭地区	大兴安岭地区	257	155	1174	5	0
		呼玛县	19	4	73	–	0
		塔河县	23	18	153	–	0
		漠河县	36	55	251	–	0
		加格达奇区	138	61	576	–	0
		松岭区	16	8	38	–	0
		新林区	15	3	44	–	0
		呼中区	4	4	25	–	0
上海市	上海市		137615	76482	431987	13	987
	黄浦区		3736	2249	13028	–	32
	徐汇区		5881	3130	13013	–	17
	长宁区		3796	2206	12164	–	18
	静安区		1611	1115	7152	–	3
	普陀区		5116	2363	13268	–	17
	闸北区		2989	2031	7613	–	9
	虹口区		3079	1737	7135	–	5
	杨浦区		3398	21	128	–	15
	闵行区		11871	6782	35384	–	69
	宝山区		6226	2967	13542	–	19
	嘉定区		15068	9012	41501	4	75
	浦东新区		25089	12345	76970	1	200
	金山区		14194	8634	33672	–	32
	松江区		8791	5414	32016	1	71

（续上表）

地名			申请件数	注册件数	有效注册量	地理标志	中国申请人马德里注册
上海市	青浦区		7576	4542	27011	–	52
上海市	奉贤区		10007	5962	27411	1	53
上海市	崇明县		3891	1590	6747	6	8
江苏省	江苏省		122817	79943	516356	172	1547
江苏省	南京市	南京市	24566	13007	78010	5	254
江苏省	南京市	玄武区	1350	1337	7788	–	10
江苏省	南京市	白下区	1116	1561	8796	–	18
江苏省	南京市	秦淮区	1463	660	3392	–	8
江苏省	南京市	建邺区	1036	1029	5390	–	20
江苏省	南京市	鼓楼区	1587	1399	8965	–	28
江苏省	南京市	下关区	209	404	2790	–	4
江苏省	南京市	浦口区	770	644	3673	–	4
江苏省	南京市	六合区	736	519	2957	–	4
江苏省	南京市	栖霞区	1127	684	3338	–	0
江苏省	南京市	雨花台区	767	641	3245	–	8
江苏省	南京市	江宁区	1817	1739	9746	–	14
江苏省	南京市	溧水县	274	4	10	–	7
江苏省	南京市	高淳县	513	403	2692	–	3
江苏省	徐州市	徐州市	5117	3029	19285	3	20
江苏省	徐州市	云龙区	220	80	371	–	0
江苏省	徐州市	鼓楼区	87	40	233	–	0
江苏省	徐州市	贾汪区	107	109	638	–	0
江苏省	徐州市	泉山区	242	146	507	–	0
江苏省	徐州市	邳州市	510	388	2143	–	1
江苏省	徐州市	新沂市	281	238	1570	–	0
江苏省	徐州市	铜山区	205	311	2016	–	4
江苏省	徐州市	睢宁县	331	201	1384	–	0
江苏省	徐州市	沛县	156	393	1618	–	1
江苏省	徐州市	丰县	430	402	2377	–	0
江苏省	连云港市	连云港市	3119	1919	12108	9	12
江苏省	连云港市	新浦区	495	437	2868	–	0
江苏省	连云港市	连云区	163	428	2273	–	0

（续上表）

地　名			申请件数	注册件数	有效注册量	地理标志	中国申请人马德里注册
江苏省	连云港市	海州区	183	148	885	–	0
		赣榆县	372	324	1625	–	1
		灌云县	194	161	1106	–	1
		东海县	431	234	2222	–	1
		灌南县	150	181	1080	–	0
	宿迁市	宿迁市	3667	2293	10017	2	32
		宿城区	248	158	1131	–	0
		宿豫区	103	166	980	–	0
		沭阳县	787	1283	3308	–	1
		泗阳县	243	164	1344	–	9
		泗洪县	364	240	1725	–	5
	淮安市	淮安市	4182	2875	12938	71	25
		清河区	152	105	507	–	0
		清浦区	104	114	503	–	1
		楚州区	87	226	1434	–	2
		淮阴区	290	496	1930	–	7
		金湖县	240	275	1399	–	5
		盱眙县	455	345	1690	–	3
		洪泽县	523	197	1071	–	2
		涟水县	336	421	1782	–	2
	盐城市	盐城市	5173	3429	20714	18	48
		亭湖区	224	268	1355	–	1
		盐都区	233	335	2026	–	5
		东台市	436	546	2773	–	6
		大丰市	410	326	2486	–	6
		射阳县	493	405	2393	–	6
		阜宁县	287	265	1754	–	1
		滨海县	235	160	1114	–	1
		响水县	247	221	999	–	3
		建湖县	294	401	1966	–	10
	扬州市	扬州市	7306	5197	34401	7	72
		维扬区	50	147	808	–	0

（续上表）

地　名			申请件数	注册件数	有效注册量	地理标志	中国申请人马德里注册
江苏省	扬州市	广陵区	498	355	1147	–	1
		邗江区	654	432	4347	–	2
		仪征市	516	353	2844	–	2
		江都市	508	750	6417	–	16
		高邮市	912	711	4117	–	8
		宝应县	972	815	4441	–	16
	泰州市	泰州市	4130	1852	13656	11	73
		海陵区	238	172	1026	–	0
		高港区	169	200	931	–	0
		靖江市	808	468	4544	–	20
		泰兴市	574	406	3233	–	6
		姜堰市	539	32	137	–	9
		兴化市	684	539	3574	–	12
	南通市	南通市	8765	7173	45776	14	165
		崇川区	393	219	1015	–	1
		港闸区	278	90	763	–	0
		海门市	1082	1061	7147	–	14
		启东市	596	656	5690	–	31
		通州区	975	1325	8171	–	34
		如皋市	557	724	5018	–	19
		如东县	666	784	4328	–	14
		海安县	587	910	4370	–	17
	镇江市	镇江市	4260	2598	17705	8	59
		京口区	97	54	228	–	0
		润州区	86	23	185	–	0
		丹徒区	289	180	1306	–	3
		扬中市	353	185	1997	–	7
		丹阳市	1295	1317	8674	–	26
		句容市	314	428	1850	–	1
	常州市	常州市	8481	5987	44631	8	153
		新北区	1202	1359	8450	–	28
		钟楼区	584	529	3230	–	1

（续上表）

地名			申请件数	注册件数	有效注册量	地理标志	中国申请人马德里注册
江苏省	常州市	天宁区	466	540	2978	–	3
		戚墅堰区	55	129	693	–	2
		武进区	1707	2103	17013	–	55
		金坛市	411	461	3036	–	1
		溧阳市	503	470	3599	–	10
	无锡市	无锡市	13714	9641	80646	8	246
		崇安区	149	107	609	–	0
		南长区	345	264	1299	–	3
		北塘区	195	226	1187	–	0
		滨湖区	736	707	3579	–	7
		惠山区	617	661	3895	–	7
		锡山区	1357	1025	9821	–	19
		江阴市	2506	3057	25581	–	82
		宜兴市	1248	1217	11059	–	50
		无锡市新区	444	80	956	–	1
	苏州市	苏州市	30337	19442	123824	8	388
		姑苏区	328	595	2916	–	2
		虎丘区	138	59	403	–	0
		吴中区	1808	1711	8140	–	27
		相城区	859	1067	6539	–	19
		吴江区	1483	1826	9763	–	25
		昆山市	4439	2884	16021	–	56
		太仓市	779	924	6899	–	15
		常熟市	4278	3350	26530	–	67
		张家港市	1585	2060	19669	–	46
浙江省	浙江省		196993	133874	965127	179	4451
	杭州市	杭州市	51899	28786	192293	20	564
		拱墅区	2272	2874	15037	–	19
		上城区	1650	1669	11002	–	28
		下城区	2319	2288	15311	–	20

（续上表）

地名			申请件数	注册件数	有效注册量	地理标志	中国申请人马德里注册
浙江省	杭州市	江干区	3000	2565	15072	–	35
		西湖区	5832	4579	29406	–	29
		滨江区	3759	2398	13721	–	26
		余杭区	2933	2618	17392	–	66
		萧山区	2949	3132	24215	–	87
		临安市	581	694	5353	–	20
		富阳市	1035	937	6413	–	27
		建德市	354	440	3070	–	13
		桐庐县	456	466	2919	–	5
		淳安县	327	336	2119	–	12
	湖州市	湖州市	4824	3485	27055	8	150
		吴兴区	269	248	1033	–	0
		南浔区	436	417	3160	–	1
		长兴县	557	547	5955	–	21
		德清县	552	550	4510	–	27
		安吉县	583	937	5239	–	53
	嘉兴市	嘉兴市	13735	10435	65072	10	189
		南湖区	657	681	4364	–	10
		秀洲区	850	1216	7746	–	5
		平湖市	1000	718	4397	–	30
		海宁市	2247	2241	15017	–	28
		桐乡市	2884	2585	13824	–	27
		嘉善县	570	597	4017	–	28
		海盐县	1183	1186	7520	–	23
	舟山市	舟山市	788	332	4042	18	19
		定海区	156	132	1755	–	6
		普陀区	149	94	1485	–	3
		岱山县	137	54	410	–	2
		嵊泗县	11	4	91	–	1
	宁波市	宁波市	21610	14488	114155	26	1015
		海曙区	1031	1301	8881	–	21
		江东区	884	1118	7513	–	26

（续上表）

地　名			申请件数	注册件数	有效注册量	地理标志	中国申请人马德里注册
浙江省	宁波市	江北区	540	598	4911	–	34
		北仑区	802	896	6269	–	63
		镇海区	888	511	4026	–	40
		鄞州区	2418	3192	19619	–	136
		慈溪市	3014	2828	27117	–	223
		余姚市	1865	1823	15283	–	187
		奉化市	762	667	5959	–	54
		宁海县	789	717	5980	–	38
		象山县	454	365	3370	–	35
	绍兴市	绍兴市	11419	9174	67729	13	230
		越城区	721	521	3607	–	6
		诸暨市	2838	3075	25775	–	67
		上虞市	584	830	6450	–	42
		嵊州市	1050	987	7548	–	17
		绍兴县	1137	1868	12658	–	18
		新昌县	595	693	4231	–	29
	衢州市	衢州市	3592	2092	14025	10	58
		柯城区	241	212	1319	–	1
		衢江区	372	579	3473	–	7
		江山市	883	589	4584	–	11
		常山县	230	222	1156	–	0
		开化县	356	212	1264	–	3
		龙游县	432	251	2103	–	20
	金华市	金华市	32145	22860	141419	17	460
		婺城区	798	562	3482	–	5
		金东区	818	702	3749	–	12
		兰溪市	599	559	4295	–	17
		永康市	5668	4080	27213	–	79
		义乌市	13211	10526	63623	–	159
		东阳市	2308	2469	15106	–	35
		武义县	1105	1126	6925	–	47

（续上表）

地　名			申请件数	注册件数	有效注册量	地理标志	中国申请人马德里注册
浙江省	金华市	浦江县	1238	1207	8037	–	62
		磐安县	440	502	1837	–	5
	台州市	台州市	17982	13027	109064	26	777
		椒江区	1203	1502	13349	–	67
		黄岩区	1306	1719	13844	–	58
		路桥区	2519	2043	19533	–	117
		临海市	1759	1431	10188	–	57
		温岭市	3569	2815	24394	–	181
		三门县	456	436	2731	–	24
		天台县	1018	629	5441	–	30
		仙居县	588	393	3364	–	32
		玉环县	1311	1406	12818	–	133
	温州市	温州市	34351	24585	207049	9	922
		鹿城区	1957	1907	16252	–	46
		龙湾区	1094	1565	14909	–	55
		瓯海区	1787	2391	19957	–	78
		瑞安市	6180	4859	37202	–	159
		乐清市	4331	3901	35349	–	138
		永嘉县	2418	2455	22022	–	77
		文成县	667	478	3079	–	9
		平阳县	2150	1809	12335	–	24
		泰顺县	467	271	1483	–	3
		洞头县	136	113	986	–	5
		苍南县	2896	2185	13265	–	22
	丽水市	丽水市	4040	3317	21453	21	67
		莲都区	312	306	1355	–	1
		龙泉市	460	488	2919	–	4
		缙云县	808	786	4174	–	12
		青田县	445	489	3057	–	8
		云和县	100	150	881	–	2
		遂昌县	120	196	1250	–	6
		松阳县	138	140	872	–	7

（续上表）

地名			申请件数	注册件数	有效注册量	地理标志	中国申请人马德里注册
浙江省	丽水市	庆元县	298	418	1819	–	3
		景宁畲族自治县	134	78	562	–	3
安徽省	安徽省		47243	29568	149904	69	368
	合肥市	合肥市	15455	7936	41151	5	159
		蜀山区	1287	666	2968	–	17
		庐阳区	2982	4494	24817	–	5
		瑶海区	999	795	3066	–	0
		包河区	1253	724	2662	–	4
		长丰县	228	195	946	–	0
		肥东县	423	326	1680	–	1
		肥西县	262	357	1823	–	2
		庐江县	276	357	2093	–	0
	宿州市	宿州市	1802	1198	5322	5	4
		埇桥区	191	197	595	–	0
		砀山县	209	191	814	–	1
		萧县	175	179	759	–	0
		灵璧县	144	149	769	–	0
		泗县	128	203	709	–	1
	淮北市	淮北市	772	499	2793	0	1
		相山区	114	99	610	–	1
		杜集区	39	32	141	–	0
		烈山区	23	35	203	–	0
		濉溪县	188	131	755	–	0
	阜阳市	阜阳市	3867	2568	11094	4	12
		颍州区	316	315	1302	–	1
		颍东区	135	182	732	–	0
		颍泉区	253	193	867	–	0
		界首市	169	270	1251	–	1
		临泉县	307	257	1313	–	2
		太和县	583	347	1706	–	4
		阜南县	465	445	1599	–	1

（续上表）

地名			申请件数	注册件数	有效注册量	地理标志	中国申请人马德里注册
安徽省	阜阳市	颍上县	311	215	907	–	0
	亳州市	亳州市	3174	1707	9645	0	10
		谯城区	726	515	2778	–	0
		涡阳县	335	324	2149	–	1
		蒙城县	384	274	1182	–	0
		利辛县	380	238	1119	–	1
	蚌埠市	蚌埠市	1609	904	5802	1	7
		蚌山区	45	49	224	–	0
		龙子湖区	51	49	173	–	0
		禹会区	41	42	175	–	0
		淮上区	41	54	203	–	0
		怀远县	231	247	1276	–	0
		固镇县	85	90	543	–	0
		五河县	97	91	686	–	0
	淮南市	淮南市	860	600	2858	1	2
		田家庵区	131	158	645	–	0
		大通区	49	38	178	–	0
		谢家集区	79	63	264	–	0
		八公山区	21	28	146	–	1
		潘集区	48	64	238	–	0
		凤台县	107	150	598	–	0
	滁州市	滁州市	1993	1795	9948	4	10
		琅琊区	48	52	587	–	0
		南谯区	41	47	330	–	0
		明光市	195	125	751	–	0
		天长市	489	423	2754	–	5
		来安县	129	219	1075	–	0
		全椒县	96	106	663	–	0
		定远县	159	441	1146	–	0
		凤阳县	152	254	1473	–	1
	马鞍山市	马鞍山市	1306	1253	6507	2	25
		花山区	121	161	846	–	0

（续上表）

地名			申请件数	注册件数	有效注册量	地理标志	中国申请人马德里注册
安徽省	马鞍山市	雨山区	70	101	598	–	1
		当涂县	135	167	1158	–	6
		含山县	53	241	875	–	1
		和县	265	444	2426	–	0
	芜湖市	芜湖市	3797	2219	12005	–	54
		镜湖区	281	195	1122	4	1
		弋江区	209	121	560	–	1
		三山区	77	278	770	–	8
		鸠江区	169	133	614	–	3
		芜湖县	513	865	5094	–	2
		繁昌县	246	177	1132	–	2
		南陵县	289	330	1087	–	3
		无为县	82	119	1590	–	0
	铜陵市	铜陵市	531	543	2150	2	9
		铜官山区	42	47	281	–	0
		狮子山区	38	29	143	–	0
		郊区	14	28	116	–	0
		铜陵县	203	438	1596	–	0
	安庆市	安庆市	4323	2431	13428	8	16
		大观区	92	65	357	–	0
		迎江区	123	67	367	–	0
		宜秀区	59	66	387	–	0
		桐城市	625	431	2812	–	5
		怀宁县	244	276	1826	–	1
		枞阳县	239	195	1133	–	0
		潜山县	219	217	1121	–	0
		太湖县	361	264	1172	–	1
		宿松县	242	302	1175	–	0
		望江县	94	116	622	–	0
		岳西县	188	223	1016	–	5
	黄山市	黄山市	1250	755	4577	4	8

（续上表）

地 名			申请件数	注册件数	有效注册量	地理标志	中国申请人马德里注册
安徽省	黄山市	屯溪区	231	164	946	–	2
		黄山区	127	221	1393	–	1
		徽州区	88	57	436	–	2
		歙县	124	114	666	–	2
		休宁县	83	85	513	–	0
		黟县	20	32	203	–	0
		祁门县	116	82	417	–	0
	六安市	六安市	2894	1859	9068	21	16
		金安区	141	145	661	–	0
		裕安区	221	182	792	–	0
		寿县	197	243	944	–	4
		霍邱县	363	297	1472	–	2
		舒城县	270	355	1691	–	1
		金寨县	215	202	882	–	0
		霍山县	193	178	926	–	5
	池州市	池州市	989	1562	5063	4	14
		贵池区	132	186	1106	–	4
		东至县	108	240	972	–	2
		石台县	46	131	588	–	2
		青阳县	81	151	929	–	3
	宣城市	宣城市	1682	1174	6165	3	13
		宣州区	197	154	890	–	1
		宁国市	267	297	1385	–	2
		郎溪县	94	99	551	–	1
		广德县	147	152	1085	–	3
		泾县	159	185	886	–	2
		旌德县	79	95	369	–	1
		绩溪县	52	81	504	–	1
	巢湖市	巢湖市	447	686	3024	–	8
福建省	福建省		101530	73181	431206	253	1419
	福州市	福州市	17915	12437	73410	18	211
		鼓楼区	2369	3284	17228	–	42

（续上表）

地名			申请件数	注册件数	有效注册量	地理标志	中国申请人马德里注册
福建省	福州市	台江区	1580	1542	8492	–	11
		仓山区	1712	1848	8949	–	28
		马尾区	282	331	1865	–	4
		晋安区	1283	1460	7882	–	8
		福清市	1042	1048	6844	–	25
		长乐市	546	494	3852	–	8
		闽侯县	746	615	3682	–	21
		连江县	274	311	2249	–	1
		罗源县	99	81	593	–	0
		闽清县	312	312	1588	–	5
		永泰县	187	164	919	–	0
		平潭县	289	183	1061	–	1
	南平市	南平市	3689	2958	15442	25	30
		延平区	167	324	1260	–	1
		邵武市	155	153	967	–	6
		武夷山市	1296	1179	5700	–	5
		建瓯市	242	294	1729	–	3
		建阳市	208	168	1053	–	2
		顺昌县	133	105	700	–	1
		浦城县	179	190	904	–	2
		光泽县	89	42	404	–	0
		松溪县	100	129	612	–	1
		政和县	188	232	879	–	1
	三明市	三明市	2194	1826	8927	17	34
		梅列区	112	131	954	–	6
		三元区	103	170	894	–	1
		永安市	226	236	1392	–	4
		明溪县	69	173	530	–	4
		清流县	86	123	359	–	3
		宁化县	132	123	638	–	2
		大田县	294	135	637	–	0
		尤溪县	159	199	1008	–	4

（续上表）

地　名			申请件数	注册件数	有效注册量	地理标志	中国申请人马德里注册
福建省	三明市	沙县	156	168	824	–	3
		将乐县	74	75	379	–	1
		泰宁县	67	178	471	–	0
		建宁县	113	85	511	–	4
	莆田市	莆田市	6817	4705	22845	5	31
		城厢区	823	1131	5389	–	5
		涵江区	399	695	3580	–	2
		荔城区	1280	1202	4544	–	5
		秀屿区	666	715	3002	–	10
		仙游县	915	831	4442	–	2
	泉州市	泉州市	31230	25065	168980	18	674
		丰泽区	1958	2502	12229	–	39
		鲤城区	1008	1290	8278	–	35
		洛江区	434	473	3617	–	13
		泉港区	423	422	1845	–	3
		石狮市	3651	3558	25318	–	108
		晋江市	7347	7318	57750	–	245
		南安市	4013	4106	27375	–	75
		惠安县	1004	1522	8599	–	49
		安溪县	1915	1894	11385	–	14
		永春县	433	388	2227	–	1
		德化县	794	702	2551	–	7
		金门县	7	15	27	–	0
	厦门市	厦门市	26579	15281	85646	3	328
		思明区	6712	6694	35219	–	42
		海沧区	956	976	6189	–	26
		湖里区	4065	3865	18758	–	49
		集美区	792	769	4734	–	40
		同安区	861	1050	6605	–	19
		翔安区	599	677	3472	–	4
	漳州市	漳州市	6666	4599	27292	94	65
		芗城区	851	918	5501	–	7

（续上表）

地名			申请件数	注册件数	有效注册量	地理标志	中国申请人马德里注册
福建省	漳州市	龙文区	256	257	1532	–	2
		龙海市	1084	874	5240	–	6
		云霄县	137	150	887	–	0
		漳浦县	501	506	2343	–	2
		诏安县	294	159	794	–	3
		长泰县	283	254	1462	–	4
		东山县	118	77	526	–	1
		南靖县	247	271	1777	–	1
		平和县	451	425	1842	–	1
		华安县	99	138	789	–	1
	龙岩市	龙岩市	2693	2936	12690	21	18
		新罗区	437	531	3290	–	1
		漳平市	206	140	834	–	1
		长汀县	612	300	1501	–	4
		永定县	207	278	1454	–	2
		上杭县	160	925	1968	–	3
		武平县	200	294	1056	–	1
		连城县	126	209	1021	–	3
	宁德市	宁德市	3713	3317	16095	52	28
		蕉城区	225	483	1358	–	2
		福安市	828	995	5287	–	16
		福鼎市	699	627	3298	–	4
		寿宁县	189	126	685	–	1
		霞浦县	217	186	1238	–	1
		柘荣县	117	174	839	–	1
		屏南县	112	110	519	–	0
		古田县	230	231	1160	–	0
		周宁县	75	110	712	–	0
江西省	江西省		31637	19013	104915	45	104
	南昌市	南昌市	9029	4893	28675	0	30
		东湖区	426	441	2078	–	0
		西湖区	730	711	3215	–	1

（续上表）

地 名			申请件数	注册件数	有效注册量	地理标志	中国申请人马德里注册
江西省	南昌市	青云谱区	286	217	1245	–	1
		湾里区	43	132	495	–	0
		青山湖区	596	439	2145	–	0
		南昌县	503	514	2580	–	2
		新建县	186	194	1257	–	0
		安义县	255	213	955	–	0
		进贤县	404	310	2208	–	1
		国家高新技术开发区	768	528	3511	–	0
	九江市	九江市	2898	2156	10252	6	9
		浔阳区	82	110	607	–	1
		庐山区	99	181	809	–	1
		瑞昌市	154	88	433	–	0
		九江县	52	60	432	–	0
		武宁县	134	210	765	–	0
		修水县	371	403	1499	–	0
		永修县	123	215	935	–	0
		德安县	77	83	356	–	0
		星子县	81	141	622	–	0
		都昌县	189	217	1118	–	2
		湖口县	80	107	356	–	1
		彭泽县	147	135	900	–	1
		共青城市	30	64	512	–	0
	景德镇市	景德镇市	1135	604	3333	6	5
		昌江区	63	49	155	–	0
		珠山区	209	117	535	–	0
		乐平市	161	120	627	–	0
		浮梁县	66	83	521	–	1
	鹰潭市	鹰潭市	870	481	2880	0	3
		月湖区	115	75	557	–	3
		贵溪市	241	124	715	–	0
		余江县	100	140	733	–	0
	新余市	新余市	614	301	1847	1	3

（续上表）

地名			申请件数	注册件数	有效注册量	地理标志	中国申请人马德里注册
江西省	新余市	渝水区	109	96	487	–	0
		分宜县	69	65	400	–	0
	萍乡市	萍乡市	809	534	3078	1	1
		安源区	111	100	625	–	0
		湘东区	42	54	327	–	0
		莲花县	82	79	453	–	0
		上栗县	90	128	528	–	1
		芦溪县	60	70	451	–	0
	赣州市	赣州市	5091	3280	16830	11	9
		章贡区	389	395	1859	–	2
		瑞金市	265	272	1151	–	2
		南康市	711	610	2923	–	0
		赣县	143	181	962	–	2
		信丰县	147	156	751	–	0
		大余县	72	49	448	–	0
		上犹县	88	96	464	–	0
		崇义县	56	82	347	–	0
		安远县	52	64	334	–	0
		龙南县	69	93	359	–	0
		定南县	51	38	202	–	0
		全南县	39	58	264	–	0
		宁都县	252	258	1179	–	0
		于都县	266	306	1444	–	2
		兴国县	154	177	1043	–	0
		会昌县	98	113	372	–	0
		寻乌县	65	52	262	–	0
		石城县	105	76	379	–	0
	上饶市	上饶市	3849	2321	11317	5	9
		信州区	255	278	1222	–	0
		德兴市	272	152	680	–	0
		上饶县	186	294	1374	–	0
		广丰县	207	323	1255	–	0

（续上表）

地　名			申请件数	注册件数	有效注册量	地理标志	中国申请人马德里注册
江西省	上饶市	玉山县	182	168	1074	–	0
		铅山县	101	103	574	–	0
		横峰县	46	55	303	–	0
		弋阳县	107	98	506	–	0
		余干县	181	185	610	–	0
		鄱阳县	185	295	1339	–	1
		万年县	178	115	528	–	0
		婺源县	138	138	978	–	0
	抚州市	抚州市	1644	1105	5877	4	4
		临川区	167	326	1505	–	2
		南城县	145	94	456	–	0
		黎川县	85	78	427	–	0
		南丰县	106	66	568	–	1
		崇仁县	41	53	315	–	0
		乐安县	63	71	315	–	0
		宜黄县	23	58	315	–	0
		金溪县	52	85	441	–	0
		资溪县	37	58	254	–	0
		东乡县	88	121	705	–	0
		广昌县	50	42	224	–	0
	宜春市	宜春市	3090	1696	11880	3	20
		袁州区	234	158	869	–	0
		丰城市	457	294	1332	–	0
		樟树市	751	389	3562	–	2
		奉新县	68	77	677	–	4
		高安市	266	227	1756	–	2
		万载县	102	114	657	–	2
		上高县	90	139	744	–	3
		宜丰县	89	114	774	–	4
		靖安县	56	69	399	–	0
		铜鼓县	43	38	243	–	1
	吉安市	吉安市	2586	1540	8393	8	11

（续上表）

地　名			申请件数	注册件数	有效注册量	地理标志	中国申请人马德里注册
江西省	吉安市	吉州区	78	84	592	–	0
		青原区	88	116	384	–	2
		井冈山市	98	100	735	–	2
		吉安县	79	95	426	–	0
		吉水县	56	91	567	–	2
		峡江县	94	86	331	–	0
		新干县	112	170	1078	–	0
		永丰县	353	283	1490	–	1
		泰和县	108	134	780	–	1
		遂川县	114	128	587	–	0
		万安县	50	51	295	–	0
		安福县	54	93	476	–	1
		永新县	82	96	432	–	0
山东省	山东省		107620	64841	393880	395	1012
	济南市	济南市	16802	10421	57552	29	114
		市中区	1077	832	5218	–	5
		历下区	1657	1581	9689	–	9
		槐荫区	873	843	4072	–	7
		天桥区	1601	1569	6721	–	3
		历城区	1647	1832	8906	–	8
		长清区	310	374	1737	–	2
		章丘市	563	501	3043	–	11
		平阴县	208	178	1209	–	8
		济阳县	191	305	1382	–	0
		商河县	228	321	1243	–	1
	聊城市	聊城市	4154	2877	16798	19	16
		东昌府区	481	406	1888	–	0
		临清市	485	554	2782	–	0
		阳谷县	344	363	2436	–	3
		莘县	289	258	1565	–	0
		茌平县	165	184	1237	–	0

（续上表）

地名			申请件数	注册件数	有效注册量	地理标志	中国申请人马德里注册
山东省	聊城市	东阿县	307	178	1219	–	1
		冠县	246	278	1493	–	3
		高唐县	264	229	1447	–	6
	德州市	德州市	4176	2457	16102	11	33
		德城区	341	410	2722	–	6
		乐陵市	335	229	1526	–	7
		禹城市	303	274	1647	–	5
		陵县	218	140	1070	–	5
		平原县	177	119	795	–	0
		夏津县	196	199	1176	–	1
		武城县	223	203	1032	–	2
		齐河县	217	113	1025	–	1
		临邑县	120	127	809	–	2
		宁津县	189	106	901	–	0
		庆云县	154	220	733	–	0
	东营市	东营市	1778	1378	9336	2	67
		东营区	350	372	2811	–	5
		河口区	69	193	885	–	0
		垦利县	148	70	730	–	12
		利津县	54	69	405	–	2
		广饶县	397	559	3176	–	36
	淄博市	淄博市	4136	2898	23793	34	70
		张店区	624	669	5051	–	3
		淄川区	418	413	3777	–	3
		博山区	158	276	2188	–	4
		临淄区	205	302	2879	–	5
		周村区	376	460	2858	–	5
		桓台县	246	195	1997	–	7
		高青县	145	193	962	–	4
		沂源县	190	153	1878	–	9
	潍坊市	潍坊市	9256	5972	35476	76	89
		奎文区	577	412	2673	–	2

（续上表）

地名			申请件数	注册件数	有效注册量	地理标志	中国申请人马德里注册
山东省	潍坊市	潍城区	411	365	2467	–	5
		寒亭区	105	100	783	–	2
		坊子区	130	153	1224	–	1
		安丘市	393	450	2423	–	7
		昌邑市	198	180	1172	–	0
		高密市	655	717	3634	–	20
		青州市	924	673	4077	–	3
		诸城市	525	532	3084	–	8
		寿光市	862	943	5303	–	16
		临朐县	541	477	2488	–	4
		昌乐县	327	428	2038	–	1
	烟台市	烟台市	8735	4301	29486	37	82
		莱山区	280	265	1762	–	2
		芝罘区	1394	1106	7408	–	20
		福山区	138	159	1144	–	0
		牟平区	216	185	1365	–	1
		栖霞市	192	169	1081	–	1
		海阳市	244	204	1177	–	0
		龙口市	800	436	3144	–	9
		莱阳市	327	335	1952	–	4
		莱州市	302	353	2460	–	2
		蓬莱市	570	321	2636	–	5
		招远市	255	232	2170	–	15
		长岛县	21	22	183	–	0
	威海市	威海市	3107	1633	12035	7	65
		环翠区	351	228	1426	–	1
		荣成市	434	242	1907	–	12
		乳山市	148	133	1071	–	4
		文登市	199	158	1709	–	10
	青岛市	青岛市	22629	12352	74647	13	346
		市南区	2420	2476	15939	–	20
		市北区	1422	1172	6779	–	11

（续上表）

地　名			申请件数	注册件数	有效注册量	地理标志	中国申请人马德里注册
山东省	青岛市	四方区	501	484	3037	–	7
		黄岛区	440	95	643	–	4
		崂山区	1427	1156	6785	–	20
		城阳区	1200	1059	6765	–	20
		李沧区	859	673	4123	–	19
		胶州市	967	970	4572	–	25
		即墨市	1966	1366	7642	–	19
		平度市	734	716	3671	–	18
		胶南市	805	669	3586	–	22
		莱西市	1211	582	3368	–	60
	日照市	日照市	2114	1222	7223	20	8
		东港区	455	205	1000	–	2
		岚山区	79	144	747	–	0
		五莲县	92	130	749	–	1
		莒县	313	409	2032	–	2
	临沂市	临沂市	12792	7315	44719	20	33
		兰山区	1846	2031	11357	–	2
		罗庄区	684	626	3183	–	1
		河东区	1125	1249	7143	–	2
		郯城县	503	381	1997	–	0
		苍山县	497	416	1826	–	2
		莒南县	474	343	2388	–	1
		沂水县	540	371	3027	–	2
		蒙阴县	261	189	1332	–	0
		平邑县	439	332	2163	–	2
		费县	507	313	1719	–	2
		沂南县	462	353	2117	–	1
		临沭县	449	357	1950	–	3
	枣庄市	枣庄市	2109	1419	9950	5	12
		薛城区	99	109	790	–	0
		市中区	280	370	2339	–	3
		峄城区	72	79	676	–	2

（续上表）

地　名			申请件数	注册件数	有效注册量	地理标志	中国申请人马德里注册
山东省	枣庄市	台儿庄区	103	67	606	–	0
		山亭区	151	156	1313	–	1
		滕州市	633	567	3663	–	4
	济宁市	济宁市	4522	2826	16877	77	33
		市中区	174	213	1555	–	2
		任城区	231	191	1192	–	2
		曲阜市	418	324	1873	–	3
		兖州市	215	196	1276	–	4
		邹城市	405	215	1399	–	1
		微山县	139	148	717	–	1
		鱼台县	94	83	586	–	1
		金乡县	207	143	740	–	0
		嘉祥县	275	176	1244	–	2
		汶上县	149	111	602	–	0
		泗水县	157	178	884	–	1
		梁山县	234	253	1528	–	0
	泰安市	泰安市	3694	2357	13896	22	20
		泰山区	444	327	2445	–	2
		岱岳区	460	290	1705	–	2
		新泰市	364	326	1637	–	1
		肥城市	346	365	2046	–	6
		宁阳县	181	141	1200	–	2
		东平县	256	333	1309	–	0
	莱芜市	莱芜市	662	473	3232	3	4
		莱城区	266	336	1941	–	3
		钢城区	40	42	328	–	1
	滨州市	滨州市	2339	1833	10776	13	8
		滨城区	139	160	963	–	2
		惠民县	94	123	671	–	0
		阳信县	45	85	448	–	1
		无棣县	112	116	741	–	1
		沾化县	63	98	822	–	0

（续上表）

地名			申请件数	注册件数	有效注册量	地理标志	中国申请人马德里注册
山东省	滨州市	博兴县	377	517	2819	–	1
		邹平县	393	431	2646	–	1
	菏泽市	菏泽市	3750	2303	11982	7	12
		牡丹区	424	392	1646	–	3
		曹县	525	402	1673	–	3
		定陶县	106	214	740	–	0
		成武县	183	132	671	–	1
		单县	396	240	1293	–	0
		巨野县	164	185	852	–	0
		郓城县	278	296	1505	–	0
		鄄城县	169	125	658	–	0
		东明县	112	64	508	–	1
河南省	河南省		73789	40853	218631	46	151
	郑州市	郑州市	30562	15048	82403	4	41
		中原区	914	907	5170	–	1
		二七区	1468	1289	7129	–	2
		管城回族区	1503	1404	7520	–	0
		金水区	6364	5268	23837	–	6
		上街区	56	99	550	–	0
		惠济区	502	379	2086	–	0
		新郑市	630	776	3860	–	3
		登封市	414	205	1697	–	2
		新密市	356	282	1817	–	0
		巩义市	309	352	1950	–	2
		荥阳市	339	279	1800	–	3
		中牟县	336	340	1784	–	0
	三门峡市	三门峡市	607	426	2766	4	0
		湖滨区	57	64	395	–	0
		义马市	21	19	134	–	0
		灵宝市	112	106	691	–	0
		渑池县	51	60	525	–	0
		陕县	54	33	182	–	0

（续上表）

地　名			申请件数	注册件数	有效注册量	地理标志	中国申请人马德里注册
河南省	三门峡市	卢氏县	45	42	220	–	0
	洛阳市	洛阳市	4492	2599	15194	6	27
		西工区	318	502	3134	–	4
		老城区	89	111	734	–	0
		瀍河回族区	77	41	229	–	0
		涧西区	264	327	1665	–	1
		吉利区	11	12	83	–	0
		洛龙区	290	276	1465	–	0
		偃师市	502	300	1891	–	1
		孟津县	138	84	472	–	0
		新安县	155	115	589	–	0
		栾川县	93	87	503	–	0
		嵩县	73	111	327	–	0
		汝阳县	111	137	685	–	0
		宜阳县	149	100	413	–	0
		洛宁县	70	47	182	–	0
		伊川县	230	181	883	–	0
	焦作市	焦作市	1932	1322	8911	6	6
		解放区	57	132	859	–	0
		山阳区	118	47	311	–	0
		中站区	29	13	177	–	0
		马村区	31	43	226	–	0
		孟州市	226	152	863	–	0
		沁阳市	112	82	754	–	1
		修武县	62	78	780	–	0
		博爱县	88	195	834	–	1
		武陟县	178	224	1508	–	0
		温县	201	187	1320	–	0
	新乡市	新乡市	3406	2143	13273	1	18
		卫滨区	111	67	550	–	0
		红旗区	76	123	570	–	0
		凤泉区	37	42	282	–	2

（续上表）

地　名			申请件数	注册件数	有效注册量	地理标志	中国申请人马德里注册
河南省	新乡市	牧野区	151	116	782	–	0
		卫辉市	146	137	599	–	0
		辉县市	235	195	1646	–	0
		新乡县	161	106	659	–	1
		获嘉县	99	63	605	–	0
		原阳县	163	144	735	–	1
		延津县	96	108	555	–	0
		封丘县	192	167	886	–	0
		长垣县	300	403	3148	–	6
	鹤壁市	鹤壁市	653	424	2482	0	0
		淇滨区	78	74	478	–	0
		山城区	27	43	239	–	0
		鹤山区	6	10	50	–	0
		浚县	192	217	977	–	0
		淇县	54	59	536	–	0
	安阳市	安阳市	2204	1397	8739	3	0
		北关区	158	184	1209	–	0
		文峰区	114	145	913	–	0
		殷都区	30	46	698	–	0
		龙安区	43	56	283	–	0
		林州市	156	156	812	–	0
		安阳县	190	183	974	–	0
		汤阴县	129	117	632	–	0
		滑县	266	267	1210	–	0
		内黄县	254	151	730	–	0
	濮阳市	濮阳市	1778	1089	5533	2	6
		华龙区	86	92	386	–	1
		清丰县	87	100	555	–	0
		南乐县	101	87	442	–	0
		范县	131	69	335	–	0
		台前县	220	142	709	–	0
		高新区	77	125	632	–	0

（续上表）

地名			申请件数	注册件数	有效注册量	地理标志	中国申请人马德里注册
河南省	濮阳市	濮阳县	215	161	818	–	4
	开封市	开封市	2394	1488	7384	1	4
		鼓楼区	68	60	347	–	2
		龙亭区	100	26	269	–	0
		顺河回族区	63	97	433	–	1
		禹王台区	50	70	515	–	0
		金明区	82	140	493	–	0
		杞县	210	188	736	–	0
		通许县	94	80	400	–	0
		尉氏县	271	238	1313	–	0
		开封县	208	221	634	–	0
		兰考县	221	141	645	–	1
	商丘市	商丘市	3902	2372	11331	0	0
		梁园区	420	382	1698	–	0
		睢阳区	269	265	1289	–	0
		永城市	402	263	1416	–	0
		虞城县	428	375	1642	–	0
		民权县	248	192	920	–	0
		宁陵县	96	133	530	–	0
		睢县	162	123	565	–	0
		夏邑县	416	361	1391	–	0
		柘城县	170	164	689	–	0
	许昌市	许昌市	2867	1618	8670	3	20
		魏都区	169	171	638	–	0
		禹州市	393	325	1611	–	4
		长葛市	350	268	1801	–	2
		许昌县	241	219	1318	–	5
		鄢陵县	268	209	917	–	0
		襄城县	195	139	640	–	0
	漯河市	漯河市	1990	1017	6062	0	2
		郾城区	165	162	873	–	0
		源汇区	203	242	1031	–	0

（续上表）

地　名			申请件数	注册件数	有效注册量	地理标志	中国申请人马德里注册
河南省	漯河市	召陵区	113	133	542	–	0
		舞阳县	137	108	547	–	0
		临颍县	233	180	1013	–	0
	平顶山市	平顶山市	2194	1227	6463	1	5
		新华区	145	135	723	–	0
		卫东区	67	93	531	–	0
		湛河区	176	93	488	–	0
		石龙区	5	31	61	–	0
		舞钢市	232	78	398	–	1
		汝州市	350	216	1131	–	2
		宝丰县	91	80	400	–	0
		叶县	113	94	587	–	0
		鲁山县	197	142	640	–	0
		郏县	104	115	550	–	0
	南阳市	南阳市	5140	2523	11936	8	8
		卧龙区	208	251	1022	–	0
		宛城区	210	139	833	–	0
		邓州市	393	240	1105	–	0
		南召县	137	72	376	–	0
		方城县	269	243	800	–	0
		西峡县	214	125	958	–	0
		镇平县	386	271	1132	–	1
		内乡县	186	106	506	–	0
		淅川县	219	145	642	–	0
		社旗县	176	120	574	–	0
		唐河县	258	155	723	–	0
		新野县	123	116	596	–	0
		桐柏县	120	94	419	–	0
	信阳市	信阳市	2853	1818	8753	5	2
		浉河区	205	341	1130	–	0
		平桥区	119	130	560	–	0
		息县	144	121	449	–	0

（续上表）

地　名			申请件数	注册件数	有效注册量	地理标志	中国申请人马德里注册
河南省	信阳市	淮滨县	97	71	327	–	0
		潢川县	128	120	707	–	2
		光山县	177	146	695	–	0
		固始县	674	460	2376	–	0
		商城县	147	138	678	–	0
		罗山县	97	96	518	–	0
		新县	108	47	431	–	0
	周口市	周口市	3731	2386	11241	1	5
		川汇区	158	165	565	–	0
		项城市	295	269	1264	–	3
		扶沟县	193	338	804	–	0
		西华县	202	141	695	–	0
		商水县	211	138	676	–	0
		太康县	343	347	1444	–	0
		鹿邑县	366	264	1329	–	0
		郸城县	231	164	823	–	2
		淮阳县	351	206	1060	–	0
		沈丘县	252	189	1137	–	0
		黄泛区	6	2	372	–	0
	驻马店市	驻马店市	2463	1453	7011	1	5
		驿城区	132	112	609	–	1
		确山县	75	86	393	–	0
		泌阳县	173	131	501	–	0
		遂平县	120	85	478	–	0
		西平县	191	169	758	–	0
		上蔡县	216	228	816	–	1
		汝南县	147	111	520	–	0
		平舆县	101	93	538	–	0
		新蔡县	175	112	486	–	0
		正阳县	138	133	458	–	0
	济源市	济源市	170	341	1984	0	2

（续上表）

地名			申请件数	注册件数	有效注册量	地理标志	中国申请人马德里注册
湖北省	湖北省		46054	25851	154420	203	249
	武汉市	武汉市	22334	11810	81102	24	124
		江岸区	1336	1310	7985	–	13
		江汉区	1131	1568	9878	–	10
		硚口区	899	864	5848	–	9
		汉阳区	572	573	4633	–	7
		武昌区	1940	1461	9758	–	11
		青山区	252	198	1432	–	3
		洪山区	1756	1302	9706	–	19
		东西湖区	1190	1187	7244	–	8
		汉南区	106	141	936	–	0
		蔡甸区	191	207	1144	–	2
		江夏区	338	319	2873	–	0
		黄陂区	566	658	3366	–	2
		新洲区	373	172	1063	–	0
	十堰市	十堰市	1910	818	4935	14	9
		茅箭区	132	69	373	–	0
		张湾区	143	76	435	–	6
		丹江口市	111	92	653	–	0
		郧县	117	59	246	–	0
		竹山县	83	58	223	–	0
		房县	94	84	291	–	0
		郧西县	264	53	250	–	0
		竹溪县	61	34	195	–	0
	襄阳市	襄阳市	2480	1474	7643	24	4
		襄城区	190	253	866	–	2
		樊城区	399	244	1080	–	0
		襄州区	514	173	631	–	0
		老河口市	120	62	467	–	0
		枣阳市	314	183	1010	–	1
		宜城市	156	118	479	–	1
		南漳县	164	134	489	–	0
		谷城县	169	115	536	–	0

（续上表）

地名			申请件数	注册件数	有效注册量	地理标志	中国申请人马德里注册
湖北省	襄阳市	保康县	110	84	344	–	0
	荆门市	荆门市	1316	706	3748	5	4
		东宝区	74	128	553	–	2
		掇刀区	101	113	370	–	0
		钟祥市	246	172	914	–	1
		沙洋县	60	76	485	–	0
		京山县	281	126	794	–	0
	孝感市	孝感市	2234	1273	7884	8	7
		孝南区	171	153	1156	–	0
		应城市	263	148	897	–	0
		安陆市	170	164	964	–	0
		汉川市	600	402	2335	–	6
		孝昌县	163	68	389	–	0
		大悟县	58	79	480	–	0
		云梦县	207	163	929	–	0
	黄冈市	黄冈市	1918	1152	6061	14	9
		黄州区	77	148	577	–	2
		麻城市	165	93	562	–	0
		武穴市	204	126	803	–	0
		红安县	101	97	349	–	0
		罗田县	74	72	329	–	0
		英山县	102	66	348	–	0
		浠水县	147	120	558	–	0
		蕲春县	292	194	1272	–	5
		黄梅县	161	211	874	–	0
		团风县	45	28	222	–	0
	鄂州市	鄂州市	421	236	1767	28	2
		鄂城区	65	65	369	–	1
		梁子湖区	43	36	170	–	0
		华容区	25	36	274	–	0
	黄石市	黄石市	955	606	3739	3	16
		下陆区	26	34	171	–	0

（续上表）

地名			申请件数	注册件数	有效注册量	地理标志	中国申请人马德里注册
湖北省	黄石市	黄石港区	43	42	390	–	1
		西塞山区	23	25	149	–	0
		铁山区	9	14	168	–	1
		大冶市	291	192	1227	–	8
		阳新县	179	202	727	–	0
	咸宁市	咸宁市	1167	772	4133	8	4
		咸安区	149	145	677	–	0
		赤壁市	229	164	880	–	0
		嘉鱼县	125	86	497	–	1
		通城县	121	134	765	–	1
		崇阳县	63	81	437	–	0
		通山县	109	68	414	–	0
	荆州市	荆州市	3552	1958	9908	18	4
		沙市区	241	326	1829	–	4
		荆州区	249	272	1210	–	0
		石首市	239	165	865	–	0
		洪湖市	888	227	1342	–	0
		松滋市	228	255	994	–	0
		江陵县	131	88	363	–	0
		公安县	260	258	1137	–	0
		监利县	363	289	1515	–	0
	宜昌市	宜昌市	2499	1691	8725	26	56
		西陵区	202	165	728	–	0
		伍家岗区	108	94	256	–	1
		点军区	13	52	161	–	1
		猇亭区	113	33	147	–	0
		夷陵区	216	263	1175	–	1
		枝江市	120	107	836	–	2
		宜都市	100	84	554	–	2
		当阳市	153	119	575	–	0
		远安县	38	198	545	–	0
		兴山县	41	30	177	–	3

（续上表）

地名			申请件数	注册件数	有效注册量	地理标志	中国申请人马德里注册
湖北省	宜昌市	秭归县	42	51	239	–	2
		长阳土家族自治县	108	88	410	–	0
		五峰土家族自治县	81	72	395	–	0
	随州市	随州市	710	346	3161	5	5
		曾都区	181	167	937	–	0
		广水市	244	132	739	–	1
		随县	173	80	169	–	0
	仙桃市		674	499	2695	5	2
	天门市		698	357	2035	1	1
	潜江市		429	285	1187	2	1
	神农架林区		73	53	392	0	0
	恩施土家族苗族自治州	恩施土家族苗族自治州	1492	982	4375	18	1
		恩施市	391	327	1352	–	0
		利川市	306	201	770	–	0
		建始县	184	94	569	–	0
		巴东县	109	90	488	–	0
		宣恩县	85	67	279	–	0
		咸丰县	80	79	279	–	0
		来凤县	66	79	267	–	0
		鹤峰县	78	45	327	–	1
湖南省	湖南省		51147	29364	161705	89	210
	长沙市	长沙市	23523	12209	70961	8	107
		岳麓区	1259	941	5559	–	1
		芙蓉区	2745	3030	16470	–	6
		天心区	1033	927	4225	–	3
		开福区	1206	1127	4747	–	2
		雨花区	2381	2233	10961	–	15
		浏阳市	1260	972	6671	–	12
		长沙县	995	618	3757	–	0
		望城县	626	450	2381	–	3
		宁乡县	985	647	3292	–	4

（续上表）

地名			申请件数	注册件数	有效注册量	地理标志	中国申请人马德里注册
湖南省	张家界市	张家界市	708	472	1608	3	2
		永定区	201	317	906	–	0
		武陵源区	43	1	6	–	0
		慈利县	93	88	376	–	0
		桑植县	69	44	163	–	0
	常德市	常德市	1923	1188	7503	6	6
		武陵区	261	273	1749	–	0
		鼎城区	74	72	492	–	0
		津市市	71	49	452	–	1
		安乡县	158	127	703	–	0
		汉寿县	152	135	642	–	0
		澧县	209	261	1283	–	0
		临澧县	46	7	60	–	2
		桃源县	154	115	669	–	0
		石门县	147	107	631	–	0
	益阳市	益阳市	2680	1524	7863	6	6
		赫山区	323	277	1288	–	0
		资阳区	104	138	611	–	0
		沅江市	238	191	1182	–	0
		南县	362	325	1503	–	1
		桃江县	313	178	899	–	1
		安化县	442	268	1161	–	0
	岳阳市	岳阳市	2857	1791	9907	9	18
		岳阳楼区	350	314	1417	–	0
		君山区	50	57	362	–	0
		云溪区	59	79	544	–	0
		汨罗市	293	143	715	–	3
		临湘市	194	154	674	–	2
		岳阳县	161	165	730	–	3
		华容县	272	174	934	–	2

（续上表）

地名			申请件数	注册件数	有效注册量	地理标志	中国申请人马德里注册
湖南省	岳阳市	湘阴县	254	224	1444	–	6
		平江县	449	336	1617	–	2
		屈原区	17	16	142	–	0
	株洲市	株洲市	2949	1731	10601	11	27
		天元区	199	260	1389	–	2
		荷塘区	274	160	1245	–	1
		芦淞区	359	355	1574	–	2
		石峰区	67	91	792	–	0
		醴陵市	366	294	1550	–	16
		株洲县	158	136	562	–	0
		攸县	221	157	891	–	0
		茶陵县	214	119	581	–	0
		炎陵县	40	40	203	–	0
	湘潭市	湘潭市	1928	1024	7536	1	8
		岳塘区	229	131	1206	–	0
		雨湖区	263	219	1491	–	1
		湘乡市	408	230	1169	–	1
		韶山市	157	118	952	–	3
		湘潭县	268	264	1557	–	0
	衡阳市	衡阳市	2877	1794	9586	3	7
		蒸湘区	126	120	646	–	0
		雁峰区	106	188	1186	–	1
		珠晖区	45	98	640	–	1
		石鼓区	110	148	992	–	2
		南岳区	19	39	623	–	0
		常宁市	216	123	491	–	0
		耒阳市	403	233	1022	–	1
		衡阳县	339	285	1315	–	1
		衡南县	206	161	675	–	0
		衡山县	132	56	358	–	0
		衡东县	188	105	589	–	1
		祁东县	275	193	766	–	0

（续上表）

地名			申请件数	注册件数	有效注册量	地理标志	中国申请人马德里注册
湖南省	郴州市	郴州市	2235	1089	5060	3	1
		北湖区	244	165	761	–	0
		苏仙区	118	157	549	–	0
		资兴市	179	115	451	–	0
		桂阳县	519	202	666	–	0
		永兴县	137	77	420	–	0
		宜章县	136	77	512	–	0
		嘉禾县	65	67	339	–	1
		临武县	43	35	200	–	0
		汝城县	90	42	232	–	0
		桂东县	65	26	114	–	0
		安仁县	84	69	232	–	0
	永州市	永州市	2197	1088	5228	4	3
		冷水滩区	132	172	849	–	1
		零陵区	81	134	690	–	0
		东安县	113	84	414	–	0
		道县	135	51	273	–	0
		宁远县	154	104	454	–	0
		江永县	63	30	174	–	0
		蓝山县	194	78	290	–	0
		新田县	146	153	648	–	0
		双牌县	49	39	185	–	0
		祁阳县	342	160	889	–	0
		江华瑶族自治县	273	78	256	–	0
	邵阳市	邵阳市	3214	2193	12869	8	14
		大祥区	139	109	646	–	0
		双清区	95	138	613	–	1
		北塔区	28	18	201	–	2
		武冈市	186	103	509	–	0
		邵东县	790	641	4103	–	6
		邵阳县	356	374	2460	–	0
		新邵县	227	205	1050	–	0

（续上表）

地名			申请件数	注册件数	有效注册量	地理标志	中国申请人马德里注册
湖南省	邵阳市	隆回县	346	293	1416	–	1
		洞口县	134	101	498	–	1
		绥宁县	73	65	246	–	0
		新宁县	78	70	397	–	2
		城步苗族自治县	55	47	218	–	0
	怀化市	怀化市	1402	951	4294	13	6
		鹤城区	145	237	703	–	0
		洪江市	50	69	341	–	1
		沅陵县	203	96	434	–	0
		辰溪县	56	79	262	–	1
		溆浦县	126	87	377	–	1
		中方县	27	48	317	–	1
		会同县	44	38	149	–	0
		麻阳苗族自治县	65	57	325	–	1
		新晃侗族自治县	40	26	162	–	1
		芷江侗族自治县	86	60	218	–	0
		靖州苗族侗族自治县	66	66	175	–	0
		通道侗族自治县	45	24	133	–	0
	娄底市	娄底市	1574	1095	5512	1	3
		娄星区	136	275	1066	–	0
		冷水江市	93	84	432	–	0
		涟源市	338	154	868	–	0
		双峰县	365	253	1317	–	0
		新化县	313	259	964	–	1
	湘西土家族苗族自治州	湘西土家族苗族自治州	747	560	2195	–	2
		吉首市	283	204	755	13	0
		泸溪县	9	10	86	–	0
		凤凰县	51	56	351	–	0
		花垣县	71	57	153	–	2
		保靖县	131	65	191	–	0
		古丈县	56	55	171	–	0
		永顺县	60	59	237	–	0
		龙山县	72	54	250	–	0

（续上表）

地　名			申请件数	注册件数	有效注册量	地理标志	中国申请人马德里注册
广东省	广东省		406393	223470	1314188	36	4177
	广州市	广州市	108930	61285	343467	1	1064
		越秀区	7219	7543	41269	–	69
		荔湾区	3510	3281	19749	–	60
		海珠区	4563	4536	26365	–	41
		天河区	17025	17240	76383	–	113
		白云区	14600	12679	59502	–	151
		黄埔区	827	967	5444	–	16
		番禺区	5834	6178	34741	–	108
		花都区	2840	2858	16195	–	78
		南沙区	573	331	2032	–	1
		萝岗区	633	618	4441	–	5
		增城市	1547	2224	13805	–	86
		从化市	692	538	3863	–	6
	清远市	清远市	1745	1113	6409	3	15
		清城区	195	173	1081	–	1
		英德市	348	226	1329	–	5
		连州市	132	145	559	–	0
		佛冈县	99	74	385	–	1
		阳山县	99	98	431	–	1
		清新县	176	242	1084	–	1
		连山壮族瑶族自治县	46	26	142	–	0
		连南瑶族自治县	28	16	149	–	0
	韶关市	韶关市	1566	1060	5784	1	3
		浈江区	116	164	729	–	0
		武江区	118	139	556	–	0
		曲江区	65	76	536	–	0
		乐昌市	148	137	658	–	0
		南雄市	152	97	523	–	0
		始兴县	66	47	277	–	0

（续上表）

地名			申请件数	注册件数	有效注册量	地理标志	中国申请人马德里注册
广东省	韶关市	仁化县	101	105	393	–	0
		翁源县	85	82	446	–	0
		新丰县	144	149	849	–	0
		乳源瑶族自治县	64	40	230	–	1
	河源市	河源市	1675	1067	6292	0	9
		源城区	153	138	893	–	5
		紫金县	190	135	936	–	0
		龙川县	197	251	1069	–	1
		连平县	83	61	459	–	0
		和平县	144	164	927	–	0
		东源县	201	140	1050	–	0
	梅州市	梅州市	3443	1831	10656	1	5
		梅江区	159	187	793	–	0
		兴宁市	564	356	1915	–	0
		梅县	366	354	1878	–	0
		大埔县	277	159	1006	–	0
		丰顺县	181	191	1090	–	2
		五华县	322	274	1378	–	1
		平远县	100	102	790	–	0
		蕉岭县	123	104	483	–	1
	潮州市	潮州市	7061	4987	32856	0	178
		湘桥区	274	286	1511	–	8
		潮安县	3624	3344	22012	–	51
		饶平县	904	595	3239	–	16
	汕头市	汕头市	22790	16308	111072	0	259
		金平区	762	1145	6219	–	1
		濠江区	128	207	1413	–	2
		龙湖区	1366	1538	7766	–	17
		潮阳区	3816	3106	25449	–	65
		潮南区	3826	6340	35713	–	43
		澄海区	2063	2686	16740	–	57

（续上表）

地名			申请件数	注册件数	有效注册量	地理标志	中国申请人马德里注册
广东省	汕头市	南澳县	35	49	198	–	0
	揭阳市	揭阳市	12130	9802	62690	2	55
		榕城区	1119	1433	9727	–	3
		普宁市	5383	5244	35611	–	23
		揭东县	1190	1249	7538	–	11
		揭西县	1084	1000	5247	–	1
		惠来县	725	622	2651	–	2
	汕尾市	汕尾市	3320	2499	15277	0	15
		城区	200	218	1403	–	0
		陆丰市	686	550	3402	–	9
		海丰县	1567	1572	9262	–	2
		陆河县	62	57	486	–	0
		红海湾经济开发区	65	61	321	–	0
	惠州市	惠州市	7393	5084	28791	1	46
		惠城区	726	1013	5141	–	1
		惠阳区	690	677	3582	–	7
		博罗县	803	718	4002	–	2
		惠东县	763	655	5462	–	6
		龙门县	129	120	789	–	0
	东莞市	东莞市	28264	18026	97647	0	281
	深圳市	深圳市	130806	55592	288105	1	1195
		福田区	17499	13833	76983	–	242
		罗湖区	8238	7216	43994	–	104
		南山区	14670	10091	52735	–	304
		宝安区	14970	13237	60251	–	240
		龙岗区	10689	7909	36188	–	153
		盐田区	377	429	2786	–	11
	珠海市	珠海市	7239	3440	28563	0	131
		香洲区	1107	1004	7035	–	19
		斗门区	192	177	1701	–	7
		金湾区	533	347	2173	–	8
	中山市	中山市	17788	9741	68639	0	249

（续上表）

地名			申请件数	注册件数	有效注册量	地理标志	中国申请人马德里注册
广东省	江门市	江门市	6309	4373	31439	1	131
		蓬江区	1027	868	4394	–	11
		江海区	420	379	1899	–	2
		新会区	608	735	5907	–	11
		恩平市	371	305	2213	–	12
		台山市	370	278	1897	–	7
		开平市	792	652	4724	–	15
		鹤山市	747	601	4218	–	27
	佛山市	佛山市	32019	19403	127394	5	431
		禅城区	3596	3583	19523	–	40
		南海区	5906	6609	39768	–	135
		顺德区	7713	8102	53589	–	141
		三水区	488	648	5004	–	25
		高明区	350	449	3593	–	11
	肇庆市	肇庆市	3341	1536	10592	8	18
		端州区	444	230	1095	–	2
		鼎湖区	70	86	810	–	0
		高要市	577	424	3125	–	4
		四会市	499	176	1356	–	1
		广宁县	283	172	855	–	0
		怀集县	156	138	595	–	1
		封开县	73	45	277	–	0
		德庆县	187	75	444	–	0
	云浮市	云浮市	1171	768	4517	2	9
		云城区	47	126	506	–	1
		罗定市	333	192	1249	–	0
		云安县	15	15	132	–	0
		新兴县	421	349	2029	–	5
		郁南县	68	82	502	–	2
	阳江市	阳江市	2066	1453	8584	2	41
		江城区	472	481	2552	–	2
		阳春市	410	312	1541	–	2

（续上表）

地名			申请件数	注册件数	有效注册量	地理标志	中国申请人马德里注册
广东省	阳江市	阳西县	110	91	560	–	1
		阳东县	365	404	2477	–	16
	茂名市	茂名市	2830	1834	10183	6	7
		茂南区	218	170	1074	–	0
		茂港区	124	214	1042	–	1
		化州市	457	401	1806	–	2
		信宜市	329	185	897	–	0
		高州市	413	396	1835	–	3
		电白县	450	279	1920	–	0
	湛江市	湛江市	4446	2078	15231	0	35
		赤坎区	167	153	1324	–	3
		霞山区	262	240	1959	–	0
		坡头区	78	101	681	–	2
		麻章区	298	88	670	–	2
		吴川市	339	290	2395	–	1
		廉江市	1021	583	3873	–	12
		雷州市	472	303	1961	–	4
		遂溪县	166	127	759	–	0
		徐闻县	95	65	344	–	0
广西壮族自治区	广西壮族自治区		18828	11882	68258	30	103
	南宁市	南宁市	4172	2713	16939	1	10
		青秀区	1204	1068	3287	–	0
		兴宁区	188	151	559	–	0
		江南区	345	274	1265	–	0
		西乡塘区	1013	421	1444	–	0
		良庆区	97	65	430	–	0
		邕宁区	24	23	246	–	0
		武鸣县	100	77	443	–	0
		横县	84	76	494	–	2
		宾阳县	142	96	601	–	0
		上林县	34	29	143	–	0
		隆安县	58	49	245	–	0

（续上表）

地名			申请件数	注册件数	有效注册量	地理标志	中国申请人马德里注册
广西壮族自治区	南宁市	马山县	35	41	146	–	0
	桂林市	桂林市	2156	1318	9476	8	31
		象山区	121	77	634	–	1
		叠彩区	71	71	441	–	0
		秀峰区	104	85	424	–	0
		七星区	192	174	1052	–	1
		雁山区	11	4	39	–	0
		阳朔县	46	33	292	–	0
		临桂县	75	75	454	–	2
		灵川县	121	69	490	–	0
		全州县	77	62	356	–	0
		兴安县	64	74	698	–	5
		永福县	34	104	299	–	0
		灌阳县	17	18	109	–	0
		资源县	18	22	143	–	0
		平乐县	55	120	838	–	0
		荔浦县	113	100	749	–	1
		龙胜各族自治县	36	28	146	–	0
		恭城瑶族自治县	29	2	63	–	0
	柳州市	柳州市	1794	957	6860	3	26
		柳北区	104	70	469	–	1
		城中区	70	26	169	–	1
		鱼峰区	61	42	330	–	1
		柳南区	225	129	607	–	0
		柳江县	101	61	611	–	0
		柳城县	22	33	150	–	0
		鹿寨县	45	101	512	–	0
		融安县	59	24	137	–	0
		三江侗族自治县	75	57	210	–	0
		融水苗族自治县	43	34	146	–	0
	梧州市	梧州市	780	515	3178	1	15
		长洲区	11	18	97	–	0

（续上表）

地　名			申请件数	注册件数	有效注册量	地理标志	中国申请人马德里注册
广西壮族自治区	梧州市	万秀区	17	16	148	–	0
		蝶山区	32	18	129	–	0
		岑溪市	92	92	421	–	1
		苍梧县	83	82	373	–	1
		藤县	133	93	445	–	0
		蒙山县	53	67	202	–	0
	贵港市	贵港市	1324	768	4290	1	6
		港北区	70	91	348	–	0
		港南区	53	59	316	–	1
		覃塘区	36	26	217	–	0
		桂平市	425	261	1391	–	3
		平南县	379	250	1332	–	1
	玉林市	玉林市	1468	990	6343	0	12
		玉州区	176	193	1338	–	0
		北流市	169	191	1086	–	2
		兴业县	90	95	539	–	0
		容县	136	87	719	–	0
		陆川县	106	75	478	–	0
		博白县	107	108	598	–	0
	钦州市	钦州市	562	337	1754	0	1
		钦南区	72	40	134	–	0
		钦北区	28	12	120	–	0
		灵山县	142	128	533	–	0
		浦北县	96	63	373	–	0
	北海市	北海市	671	316	2522	0	2
		海城区	54	44	370	–	0
		银海区	13	14	109	–	0
		铁山港区	24	9	54	–	0
		合浦县	129	93	500	–	0
	防城港市	防城港市	335	258	1126	0	0
		港口区	84	105	342	–	0
		防城区	50	69	312	–	0

（续上表）

地　名			申请件数	注册件数	有效注册量	地理标志	中国申请人马德里注册
广西壮族自治区	防城港市	东兴市	176	80	399	–	0
		上思县	13	4	73	–	0
	崇左市	崇左市	262	147	952	0	0
		江洲区	40	10	90	–	0
		凭祥市	61	38	207	–	0
		扶绥县	29	36	181	–	0
		大新县	32	24	178	–	0
		天等县	10	6	59	–	0
		宁明县	9	16	75	–	0
		龙州县	18	12	86	–	0
	百色市	百色市	448	421	1616	2	0
		右江区	26	71	158	–	0
		田阳县	58	63	179	–	0
		田东县	22	27	168	–	0
		平果县	61	56	330	–	0
		德保县	26	15	79	–	0
		靖西县	23	30	94	–	0
		那坡县	5	11	38	–	0
		凌云县	27	8	82	–	0
		乐业县	11	19	91	–	0
		西林县	19	58	86	–	0
		田林县	8	19	88	–	0
		隆林各族自治县	22	7	30	–	0
	河池市	河池市	704	402	2006	10	0
		金城江区	30	19	77	–	0
		宜州市	69	69	354	–	0
		南丹县	20	32	139	–	0
		天峨县	10	6	49	–	0
		凤山县	47	31	133	–	0
		东兰县	13	4	53	–	0
		巴马瑶族自治县	200	96	549	–	0
		都安瑶族自治县	48	36	121	–	0

（续上表）

地 名			申请件数	注册件数	有效注册量	地理标志	中国申请人马德里注册
广西壮族自治区	河池市	大化瑶族自治县	25	18	79	–	0
		罗城仫佬族自治县	52	41	141	–	0
		环江毛南族自治县	39	28	122	–	0
	来宾市	来宾市	346	183	869	0	0
		兴宾区	27	31	158	–	0
		合山市	20	11	53	–	0
		象州县	29	33	150	–	0
		武宣县	21	19	105	–	0
		忻城县	9	11	77	–	0
		金秀瑶族自治县	83	34	130	–	0
	贺州市	贺州市	366	166	865	4	0
		八步区	72	64	292	–	0
		昭平县	74	41	178	–	0
		钟山县	40	13	94	–	0
		富川瑶族自治县	34	15	72	–	0
海南省	海南省		10510	4946	31662	14	46
	海口市	海口市	4421	2615	20572	1	41
		龙华区	584	146	719	–	0
		秀英区	140	136	971	–	2
		琼山区	166	203	991	–	1
		美兰区	379	183	971	–	2
	三亚市		1028	513	2501	1	1
	三沙市		2444	0	0	0	0
	文昌市		237	172	895	1	0
	琼海市		331	195	1117	0	1
	万宁市		132	154	651	0	0
	五指山市		96	45	294	0	0
	东方市		64	79	356	0	0
	儋州市		158	131	684	1	0
	临高县		84	144	343	2	0
	澄迈县		430	166	1453	2	3
	定安县		85	197	595	2	0

（续上表）

地　名		申请件数	注册件数	有效注册量	地理标志	中国申请人马德里注册
海南省	屯昌县	53	55	212	1	0
	昌江黎族自治县	62	100	232	0	0
	白沙黎族自治县	48	75	332	0	0
	琼中黎族苗族自治县	142	55	264	2	0
	陵水黎族自治县	36	45	322	0	0
	保亭黎族苗族自治县	46	75	354	0	0
	乐东黎族自治县	184	88	388	1	0
重庆市	重庆市	46001	33960	148152	193	188
	渝中区	4020	2531	12831	0	12
	大渡口区	638	442	2373	1	9
	江北区	4568	2990	11585	0	21
	沙坪坝区	2391	1379	9157	0	19
	九龙坡区	4128	2985	14497	1	21
	南岸区	2972	1809	9195	0	12
	北碚区	979	1622	5678	2	12
	渝北区	4786	2693	13260	0	9
	巴南区	1068	926	5424	3	9
	万州区	1680	1529	5517	9	12
	涪陵区	1459	1108	5269	11	4
	黔江区	455	494	1210	0	0
	长寿区	605	464	2295	3	0
	江津区	1394	933	4342	4	5
	合川区	1206	1099	4475	12	6
	永川区	956	756	3149	10	2
	南川区	466	557	1372	12	0
	綦江区	449	817	2501	3	0
	潼南县	405	352	1382	0	0
	铜梁县	714	725	2165	4	0
	大足区	435	634	2405	3	1
	荣昌县	529	356	1980	7	0

（续上表）

地　名			申请件数	注册件数	有效注册量	地理标志	中国申请人马德里注册
重庆市	璧山县		777	725	3012	4	2
	垫江县		962	474	1580	6	1
	武隆县		214	250	680	5	0
	丰都县		325	259	1134	11	1
	城口县		95	68	293	7	1
	梁平县		584	683	2744	8	1
	开县		788	577	2502	5	1
	巫溪县		209	184	560	5	0
	巫山县		411	121	567	2	1
	奉节县		341	299	1103	3	1
	云阳县		403	347	1429	5	0
	忠县		471	584	1571	2	0
	石柱土家族自治县		205	355	1044	3	1
	彭水苗族土家族自治县		327	366	1062	22	0
	酉阳土家族苗族自治县		313	225	780	6	0
	秀山土家族苗族自治县		233	246	626	7	0
	高新技术开发区		11	11	185	0	0
	经济技术开发区		163	116	645	7	1
	北部新区		2037	793	3204	0	1
四川省	四川省		73864	46523	259281	144	361
	成都市	成都市	43431	24756	145207	14	216
		青羊区	2157	2163	12036	–	4
		锦江区	1625	1752	8861	–	12
		金牛区	2195	2223	12783	–	11
		武侯区	4454	4361	21267	–	28
		成华区	1722	1325	5508	–	2
		龙泉驿区	462	562	3728	–	4
		青白江区	410	215	1628	–	3
		新都区	1083	1062	6687	–	5
		温江区	490	695	3980	–	7
		都江堰市	626	398	2657	–	1
		彭州市	410	507	2557	–	2

（续上表）

地　名			申请件数	注册件数	有效注册量	地理标志	中国申请人马德里注册
四川省	成都市	邛崃市	456	387	3138	–	7
		崇州市	509	478	3226	–	10
		金堂县	258	242	1348	–	0
		双流县	899	1092	6869	–	6
		郫县	543	770	4251	–	8
		大邑县	338	402	2317	–	2
		蒲江县	128	122	1108	–	0
		新津县	188	378	2268	–	4
	广元市	广元市	640	509	2990	20	0
		利州区	106	174	934	–	0
		元坝区	23	39	187	–	0
		朝天区	7	16	114	–	0
		旺苍县	43	37	330	–	0
		青川县	21	43	262	–	0
		剑阁县	65	48	310	–	0
		苍溪县	68	102	444	–	0
	绵阳市	绵阳市	3227	2337	12527	5	22
		涪城区	348	392	1766	–	1
		游仙区	170	161	788	–	1
		江油市	209	270	1353	–	1
		三台县	160	228	958	–	0
		盐亭县	91	90	524	–	0
		安县	210	314	1834	–	2
		梓潼县	84	84	416	–	0
		北川羌族自治县	81	112	533	–	0
		平武县	123	34	266	–	0
	德阳市	德阳市	2820	1484	10021	–	28
		旌阳区	205	153	865	3	0
		什邡市	458	195	1612	–	0
		广汉市	454	328	2253	–	4
		绵竹市	377	301	2585	–	14
		罗江县	56	115	381	–	0

（续上表）

地名			申请件数	注册件数	有效注册量	地理标志	中国申请人马德里注册
四川省	德阳市	中江县	286	174	910	–	2
	南充市	南充市	2458	1664	8711	2	1
		顺庆区	187	228	1319	–	1
		高坪区	88	138	728	–	0
		嘉陵区	123	133	610	–	0
		阆中市	325	277	1765	–	0
		南部县	254	288	1530	–	0
		营山县	142	120	551	–	0
		蓬安县	64	9	80	–	0
		仪陇县	169	151	736	–	0
		西充县	207	230	904	–	0
	广安市	广安市	1961	2805	6676	7	1
		广安区	261	710	2193	–	0
		华蓥市	116	278	748	–	0
		岳池县	213	541	1059	–	0
		武胜县	222	457	1068	–	0
		邻水县	258	510	1192	–	1
	遂宁市	遂宁市	1659	750	5413	2	4
		船山区	236	174	939	–	0
		安居区	83	100	385	–	0
		蓬溪县	126	114	487	–	0
		射洪县	216	163	2242	–	3
		大英县	279	71	442	–	0
	内江市	内江市	1134	815	4526	3	3
		市中区	80	141	890	–	1
		东兴区	124	132	806	–	1
		威远县	109	147	576	–	0
		资中县	137	159	816	–	0
		隆昌县	226	200	1227	–	0
	乐山市	乐山市	2067	913	6715	7	11
		市中区	309	267	1611	–	1
		沙湾区	125	27	190	–	0

（续上表）

地名			申请件数	注册件数	有效注册量	地理标志	中国申请人马德里注册
四川省	乐山市	五通桥区	83	60	745	–	1
		金口河区	5	6	83	–	0
		峨眉山市	248	177	1573	–	4
		犍为县	79	65	388	–	2
		井研县	62	67	398	–	1
		夹江县	122	119	813	–	1
		沐川县	27	32	203	–	0
		峨边彝族自治县	14	11	108	–	0
		马边彝族自治县	71	31	190	–	0
	自贡市	自贡市	1235	1138	5308	2	10
		自流井区	104	165	800	–	0
		大安区	236	260	864	–	4
		贡井区	26	48	314	–	0
		沿滩区	42	76	331	–	0
		荣县	160	218	927	–	0
		富顺县	259	221	1352	–	1
	泸州市	泸州市	2660	1829	9190	4	16
		江阳区	310	420	1964	–	0
		纳溪区	247	135	644	–	2
		龙马潭区	276	259	1232	–	0
		泸县	330	328	1512	–	0
		合江县	120	104	575	–	0
		叙永县	86	90	365	–	0
		古蔺县	186	159	847	–	4
	宜宾市	宜宾市	1831	1198	7471	8	18
		翠屏区	337	342	1420	–	0
		宜宾县	138	134	695	–	2
		南溪县	39	84	495	–	0
		江安县	36	6	58	–	0
		长宁县	57	64	401	–	0
		高县	88	108	468	–	2
		筠连县	129	99	514	–	0

（续上表）

<table>
<tr><th colspan="3">地　名</th><th>申请件数</th><th>注册件数</th><th>有效注册量</th><th>地理标志</th><th>中国申请人马德里注册</th></tr>
<tr><td rowspan="32">四川省</td><td rowspan="3">宜宾市</td><td>珙县</td><td>41</td><td>70</td><td>295</td><td>–</td><td>0</td></tr>
<tr><td>兴文县</td><td>80</td><td>71</td><td>301</td><td>–</td><td>0</td></tr>
<tr><td>屏山县</td><td>37</td><td>28</td><td>127</td><td>–</td><td>0</td></tr>
<tr><td rowspan="6">攀枝花市</td><td>攀枝花市</td><td>644</td><td>559</td><td>3100</td><td>0</td><td>5</td></tr>
<tr><td>东区</td><td>187</td><td>146</td><td>832</td><td>–</td><td>0</td></tr>
<tr><td>西区</td><td>117</td><td>161</td><td>986</td><td>–</td><td>0</td></tr>
<tr><td>仁和区</td><td>49</td><td>108</td><td>525</td><td>–</td><td>0</td></tr>
<tr><td>米易县</td><td>51</td><td>88</td><td>311</td><td>–</td><td>0</td></tr>
<tr><td>盐边县</td><td>54</td><td>27</td><td>244</td><td>–</td><td>2</td></tr>
<tr><td rowspan="5">巴中市</td><td>巴中市</td><td>833</td><td>426</td><td>2440</td><td>14</td><td>1</td></tr>
<tr><td>巴州区</td><td>176</td><td>162</td><td>895</td><td>–</td><td>0</td></tr>
<tr><td>通江县</td><td>63</td><td>82</td><td>344</td><td>–</td><td>0</td></tr>
<tr><td>南江县</td><td>135</td><td>43</td><td>377</td><td>–</td><td>0</td></tr>
<tr><td>平昌县</td><td>124</td><td>122</td><td>651</td><td>–</td><td>0</td></tr>
<tr><td rowspan="8">达州市</td><td>达州市</td><td>1411</td><td>818</td><td>4733</td><td>5</td><td>2</td></tr>
<tr><td>通川区</td><td>126</td><td>79</td><td>700</td><td>–</td><td>0</td></tr>
<tr><td>万源市</td><td>54</td><td>40</td><td>405</td><td>–</td><td>0</td></tr>
<tr><td>达县</td><td>206</td><td>133</td><td>748</td><td>–</td><td>0</td></tr>
<tr><td>宣汉县</td><td>126</td><td>71</td><td>430</td><td>–</td><td>0</td></tr>
<tr><td>开江县</td><td>109</td><td>104</td><td>444</td><td>–</td><td>0</td></tr>
<tr><td>大竹县</td><td>157</td><td>211</td><td>947</td><td>–</td><td>1</td></tr>
<tr><td>渠县</td><td>186</td><td>161</td><td>906</td><td>–</td><td>1</td></tr>
<tr><td rowspan="5">资阳市</td><td>资阳市</td><td>1526</td><td>1087</td><td>6213</td><td>2</td><td>11</td></tr>
<tr><td>雁江区</td><td>151</td><td>142</td><td>894</td><td>–</td><td>0</td></tr>
<tr><td>简阳市</td><td>500</td><td>542</td><td>2895</td><td>–</td><td>9</td></tr>
<tr><td>乐至县</td><td>66</td><td>133</td><td>658</td><td>–</td><td>0</td></tr>
<tr><td>安岳县</td><td>303</td><td>253</td><td>1454</td><td>–</td><td>0</td></tr>
<tr><td rowspan="5">眉山市</td><td>眉山市</td><td>1766</td><td>1050</td><td>6606</td><td>7</td><td>9</td></tr>
<tr><td>东坡区</td><td>309</td><td>323</td><td>2348</td><td>–</td><td>1</td></tr>
<tr><td>仁寿县</td><td>283</td><td>225</td><td>1317</td><td>–</td><td>0</td></tr>
<tr><td>彭山县</td><td>108</td><td>114</td><td>762</td><td>–</td><td>0</td></tr>
<tr><td>洪雅县</td><td>101</td><td>114</td><td>726</td><td>–</td><td>3</td></tr>
</table>

（续上表）

地　名			申请件数	注册件数	有效注册量	地理标志	中国申请人马德里注册
四川省	眉山市	丹棱县	25	73	377	–	0
		青神县	65	88	477	–	1
	雅安市	雅安市	778	755	3203	11	0
		雨城区	61	138	817	–	0
		名山县	29	130	618	–	0
		荥经县	24	30	232	–	0
		汉源县	44	179	384	–	0
		石棉县	10	87	307	–	0
		天全县	18	44	195	–	0
		芦山县	21	75	157	–	0
		宝兴县	50	47	156	–	0
	阿坝藏族羌族自治州	阿坝藏族羌族自治州	552	722	2689	10	1
		马尔康县	32	7	71	–	0
		汶川县	49	44	430	–	0
		理县	88	203	464	–	0
		茂县	57	144	407	–	0
		松潘县	21	79	219	–	0
		九寨沟县	93	25	312	–	1
		金川县	69	41	93	–	0
		小金县	55	24	133	–	0
		黑水县	15	69	147	–	0
		壤塘县	2	3	16	–	0
		阿坝县	25	23	140	–	0
		若尔盖县	20	33	75	–	0
		红原县	20	27	182	–	0
	甘孜藏族自治州	甘孜藏族自治州	401	354	1691	2	0
		康定县	76	94	441	–	0
		泸定县	22	17	198	–	0
		丹巴县	14	28	135	–	0
		九龙县	10	50	324	–	0
		雅江县	0	3	55	–	0
		道孚县	9	41	80	–	0

（续上表）

地　名			申请件数	注册件数	有效注册量	地理标志	中国申请人马德里注册
四川省	甘孜藏族自治州	炉霍县	31	7	59	–	0
		甘孜县	9	4	15	–	0
		新龙县	0	2	16	–	0
		德格县	1	14	29	–	0
		白玉县	16	1	58	–	0
		石渠县	0	0	4	–	0
		色达县	0	1	7	–	0
		理塘县	6	4	37	–	0
		巴塘县	6	4	30	–	0
		乡城县	14	5	43	–	0
		稻城县	0	79	135	–	0
		得荣县	0	0	1	–	0
	凉山彝族自治州	凉山彝族自治州	776	485	2850	16	2
		西昌市	256	262	1646	–	0
		盐源县	37	35	163	–	0
		德昌县	16	37	173	–	0
		会理县	19	7	42	–	0
		会东县	31	26	91	–	0
		宁南县	7	14	91	–	0
		普格县	6	4	205	–	1
		布拖县	20	7	42	–	0
		金阳县	3	7	24	–	0
		昭觉县	10	5	30	–	0
		喜德县	4	10	39	–	0
		冕宁县	25	38	95	–	0
		越西县	11	7	58	–	0
		甘洛县	5	8	46	–	0
		美姑县	1	6	23	–	0
		雷波县	7	5	46	–	0
		木里藏族自治县	4	7	32	–	0
贵州省	贵州省		19000	14307	54270	46	23
	贵阳市	贵阳市	7523	5853	23245	2	19

（续上表）

地名			申请件数	注册件数	有效注册量	地理标志	中国申请人马德里注册
贵州省	贵阳市	乌当区	141	212	1217	–	0
		南明区	898	1488	4896	–	0
		云岩区	1030	1432	5079	–	1
		花溪区	538	667	2575	–	0
		白云区	96	256	1152	–	1
		观山湖区	845	534	1128	–	2
		清镇市	207	144	654	–	1
		开阳县	53	99	313	–	0
		修文县	218	79	361	–	0
		息烽县	55	55	239	–	0
	六盘水市	六盘水市	1026	722	2201	1	0
		钟山区	434	206	675	–	0
		盘县	196	192	708	–	0
		六枝特区	28	100	325	–	0
		水城县	97	138	271	–	0
	遵义市	遵义市	4541	3960	13746	10	2
		汇川区	247	230	814	–	1
		红花岗区	162	315	1179	–	0
		赤水市	92	67	246	–	0
		仁怀市	1690	2026	6199	–	0
		遵义县	242	247	892	–	0
		桐梓县	49	86	331	–	0
		绥阳县	76	64	318	–	0
		正安县	58	62	233	–	0
		凤冈县	57	101	324	–	0
		湄潭县	250	121	441	–	0
		余庆县	35	20	181	–	0
		习水县	131	440	1308	–	0
		道真仡佬族苗族自治县	62	28	96	–	0
		务川仡佬族苗族自治县	56	40	103	–	0
	安顺市	安顺市	736	470	2250	5	1
		西秀区	101	146	630	–	0

（续上表）

地　名			申请件数	注册件数	有效注册量	地理标志	中国申请人马德里注册
贵州省	安顺市	平坝县	111	63	458	–	0
		普定县	35	47	156	–	0
		关岭布依族苗族自治县	53	50	256	–	0
		镇宁布依族苗族自治县	51	45	226	–	0
		紫云苗族布依族自治县	67	39	135	–	0
	毕节市	毕节市	852	895	3148	3	0
		七星关区	277	197	780	–	0
		大方县	70	121	468	–	0
		黔西县	81	100	399	–	0
		金沙县	56	149	507	–	0
		织金县	43	77	294	–	0
		纳雍县	43	100	221	–	0
		赫章县	57	23	238	–	0
		威宁彝族回族苗族自治县	37	84	240	–	0
	铜仁地区	铜仁地区	445	590	1882	9	1
		碧江区	126	92	476	–	0
		江口县	13	50	150	–	0
		石阡县	20	34	152	–	0
		思南县	31	97	277	–	0
		德江县	14	51	127	–	0
		玉屏侗族自治县	17	29	101	–	1
		印江土家族苗族自治县	37	62	190	–	0
		沿河土家族自治县	28	68	201	–	0
		松桃苗族自治县	24	58	208	–	0
		万山区	7	16	99	–	0
	黔东南苗族侗族自治州	黔东南苗族侗族自治州	1166	689	2774	4	0
		凯里市	360	208	1045	–	0
		黄平县	88	35	145	–	0
		施秉县	77	23	101	–	0
		三穗县	27	17	74	–	0
		镇远县	76	29	198	–	0
		岑巩县	16	22	64	–	0

（续上表）

<table>
<tr><th colspan="3">地　名</th><th>申请件数</th><th>注册件数</th><th>有效注册量</th><th>地理标志</th><th>中国申请人马德里注册</th></tr>
<tr><td rowspan="32">贵州省</td><td rowspan="10">黔东南苗族侗族自治州</td><td>天柱县</td><td>51</td><td>29</td><td>128</td><td>–</td><td>0</td></tr>
<tr><td>锦屏县</td><td>30</td><td>18</td><td>55</td><td>–</td><td>0</td></tr>
<tr><td>剑河县</td><td>34</td><td>9</td><td>61</td><td>–</td><td>0</td></tr>
<tr><td>台江县</td><td>32</td><td>13</td><td>50</td><td>–</td><td>0</td></tr>
<tr><td>黎平县</td><td>64</td><td>49</td><td>161</td><td>–</td><td>0</td></tr>
<tr><td>榕江县</td><td>45</td><td>55</td><td>141</td><td>–</td><td>0</td></tr>
<tr><td>从江县</td><td>30</td><td>24</td><td>108</td><td>–</td><td>0</td></tr>
<tr><td>雷山县</td><td>76</td><td>27</td><td>178</td><td>–</td><td>0</td></tr>
<tr><td>麻江县</td><td>60</td><td>35</td><td>75</td><td>–</td><td>0</td></tr>
<tr><td>丹寨县</td><td>90</td><td>96</td><td>187</td><td>–</td><td>0</td></tr>
<tr><td rowspan="13">黔南布依族苗族自治州</td><td>黔南布依族苗族自治州</td><td>1088</td><td>677</td><td>2824</td><td>2</td><td>0</td></tr>
<tr><td>都匀市</td><td>204</td><td>120</td><td>549</td><td>–</td><td>0</td></tr>
<tr><td>福泉市</td><td>75</td><td>34</td><td>185</td><td>–</td><td>0</td></tr>
<tr><td>荔波县</td><td>49</td><td>2</td><td>68</td><td>–</td><td>0</td></tr>
<tr><td>贵定县</td><td>83</td><td>126</td><td>448</td><td>–</td><td>0</td></tr>
<tr><td>瓮安县</td><td>147</td><td>66</td><td>323</td><td>–</td><td>0</td></tr>
<tr><td>独山县</td><td>120</td><td>89</td><td>217</td><td>–</td><td>0</td></tr>
<tr><td>平塘县</td><td>60</td><td>22</td><td>112</td><td>–</td><td>0</td></tr>
<tr><td>罗甸县</td><td>46</td><td>21</td><td>145</td><td>–</td><td>0</td></tr>
<tr><td>长顺县</td><td>29</td><td>25</td><td>104</td><td>–</td><td>0</td></tr>
<tr><td>龙里县</td><td>90</td><td>71</td><td>249</td><td>–</td><td>0</td></tr>
<tr><td>惠水县</td><td>127</td><td>88</td><td>336</td><td>–</td><td>0</td></tr>
<tr><td>三都水族自治县</td><td>43</td><td>13</td><td>87</td><td>–</td><td>0</td></tr>
<tr><td rowspan="9">黔西南布依族苗族自治州</td><td>黔西南布依族苗族自治州</td><td>767</td><td>434</td><td>1915</td><td>7</td><td>0</td></tr>
<tr><td>兴义市</td><td>379</td><td>233</td><td>1096</td><td>–</td><td>0</td></tr>
<tr><td>兴仁县</td><td>105</td><td>53</td><td>293</td><td>–</td><td>0</td></tr>
<tr><td>普安县</td><td>35</td><td>35</td><td>92</td><td>–</td><td>0</td></tr>
<tr><td>晴隆县</td><td>76</td><td>17</td><td>79</td><td>–</td><td>0</td></tr>
<tr><td>贞丰县</td><td>47</td><td>24</td><td>105</td><td>–</td><td>0</td></tr>
<tr><td>望谟县</td><td>15</td><td>19</td><td>56</td><td>–</td><td>0</td></tr>
<tr><td>册亨县</td><td>18</td><td>7</td><td>56</td><td>–</td><td>0</td></tr>
<tr><td>安龙县</td><td>60</td><td>42</td><td>138</td><td>–</td><td>0</td></tr>
</table>

（续上表）

地 名			申请件数	注册件数	有效注册量	地理标志	中国申请人马德里注册
云南省	云南省		33099	20059	106240	120	107
	昆明市	昆明市	17904	10814	58296	8	66
		盘龙区	1426	1266	4315	–	1
		五华区	910	599	3472	–	9
		官渡区	1655	1458	5702	–	1
		西山区	1327	1082	3910	–	1
		东川区	65	51	406	–	0
		安宁市	193	186	982	–	0
		呈贡县	50	206	1770	–	1
		晋宁县	246	153	933	–	0
		富民县	45	130	441	–	0
		宜良县	85	140	881	–	0
		嵩明县	74	112	722	–	0
		石林彝族自治县	165	183	972	–	0
		禄劝彝族苗族自治县	85	83	306	–	0
		寻甸回族彝族自治县	60	63	410	–	0
	曲靖市	曲靖市	1449	1110	5552	10	2
		麒麟区	234	172	830	–	0
		宣威市	235	230	1019	–	0
		马龙县	30	79	238	–	0
		沾益县	36	76	313	–	0
		富源县	76	101	664	–	0
		罗平县	69	97	368	–	0
		师宗县	36	44	273	–	0
		陆良县	52	108	383	–	0
		会泽县	108	87	526	–	0
	玉溪市	玉溪市	2117	1117	6305	6	15
		红塔区	592	572	3126	–	15
		江川县	82	52	396	–	0
		澄江县	22	23	194	–	0
		通海县	54	119	776	–	0

（续上表）

地名			申请件数	注册件数	有效注册量	地理标志	中国申请人马德里注册
云南省	玉溪市	华宁县	37	87	267	–	0
		易门县	51	105	336	–	0
		峨山彝族自治县	63	22	129	–	0
		新平彝族傣族自治县	425	78	350	–	0
		元江哈尼族彝族傣族自治县	54	24	144	–	0
	保山市	保山市	781	589	3452	18	2
		隆阳区	140	155	1097	–	0
		施甸县	33	65	314	–	0
		腾冲县	222	275	1176	–	0
		龙陵县	32	44	352	–	0
		昌宁县	37	48	315	–	2
	昭通市	昭通市	1021	524	2172	9	1
		昭阳区	132	185	613	–	0
		鲁甸县	51	38	146	–	0
		巧家县	25	21	153	–	0
		盐津县	28	39	140	–	0
		大关县	20	15	87	–	0
		永善县	44	40	120	–	0
		绥江县	6	15	65	–	0
		镇雄县	146	92	268	–	0
		彝良县	30	38	283	–	0
		威信县	25	15	77	–	0
		水富县	26	20	111	–	1
	丽江市	丽江市	1249	399	2701	3	0
		古城区	386	242	1639	–	0
		永胜县	78	63	342	–	0
		华坪县	91	38	259	–	0
		玉龙纳西族自治县	110	32	265	–	0
		宁蒗彝族自治县	9	17	70	–	0
	普洱市	普洱市	1326	729	3382	10	1
		思茅区	314	214	1283	–	0
		宁洱哈尼族彝族自治县	94	31	199	–	1

（续上表）

地　名			申请件数	注册件数	有效注册量	地理标志	中国申请人马德里注册
云南省	普洱市	墨江哈尼族自治县	100	26	218	–	0
		景东彝族自治县	49	39	211	–	0
		景谷傣族彝族自治县	64	72	299	–	0
		镇沅彝族哈尼族拉祜族自治县	31	24	93	–	0
		江城哈尼族彝族自治县	21	61	164	–	0
		孟连傣族拉祜族佤族自治县	32	41	200	–	0
		澜沧拉祜族自治县	135	82	433	–	0
		西盟佤族自治县	10	89	125	–	0
	临沧市	临沧市	876	476	2420	3	1
		临翔区	69	92	418	–	0
		凤庆县	111	68	268	–	0
		云县	86	133	800	–	1
		永德县	36	21	166	–	0
		镇康县	23	36	87	–	0
		双江拉祜族佤族布朗族傣族自治县	165	70	287	–	0
		耿马傣族佤族自治县	15	23	112	–	0
		沧源佤族自治县	11	28	169	–	0
	德宏傣族景颇族自治州	德宏傣族景颇族自治州	684	418	2785	5	1
		芒市	125	148	991	–	1
		瑞丽市	389	211	1312	–	0
		梁河县	15	13	78	–	0
		盈江县	28	30	278	–	0
		陇川县	15	11	92	–	0
	怒江傈僳族自治州	怒江傈僳族自治州	142	109	509	2	0
		泸水县	69	51	281	–	0
		福贡县	12	17	35	–	0
		贡山独龙族怒族自治县	7	12	41	–	0
		兰坪白族普米族自治县	39	29	147	–	0
	迪庆藏族自治州	迪庆藏族自治州	618	272	1330	0	1
		香格里拉县	393	193	1170	–	0
		德钦县	21	21	45	–	0

（续上表）

<table>
<tr><th colspan="3">地　名</th><th>申请件数</th><th>注册件数</th><th>有效注册量</th><th>地理标志</th><th>中国申请人马德里注册</th></tr>
<tr><td rowspan="31">云南省</td><td>迪庆藏族自治州</td><td>维西傈僳族自治县</td><td>115</td><td>48</td><td>86</td><td>–</td><td>0</td></tr>
<tr><td rowspan="14">大理白族自治州</td><td>大理白族自治州</td><td>1069</td><td>751</td><td>3677</td><td>13</td><td>3</td></tr>
<tr><td>大理市</td><td>217</td><td>351</td><td>1729</td><td>–</td><td>0</td></tr>
<tr><td>祥云县</td><td>28</td><td>3</td><td>60</td><td>–</td><td>0</td></tr>
<tr><td>宾川县</td><td>70</td><td>59</td><td>293</td><td>–</td><td>0</td></tr>
<tr><td>弥渡县</td><td>37</td><td>29</td><td>193</td><td>–</td><td>0</td></tr>
<tr><td>永平县</td><td>27</td><td>24</td><td>106</td><td>–</td><td>0</td></tr>
<tr><td>云龙县</td><td>21</td><td>27</td><td>84</td><td>–</td><td>0</td></tr>
<tr><td>洱源县</td><td>45</td><td>38</td><td>231</td><td>–</td><td>0</td></tr>
<tr><td>剑川县</td><td>20</td><td>72</td><td>153</td><td>–</td><td>0</td></tr>
<tr><td>鹤庆县</td><td>49</td><td>40</td><td>216</td><td>–</td><td>0</td></tr>
<tr><td>漾濞彝族自治县</td><td>11</td><td>13</td><td>63</td><td>–</td><td>0</td></tr>
<tr><td>南涧彝族自治县</td><td>87</td><td>28</td><td>181</td><td>–</td><td>0</td></tr>
<tr><td>巍山彝族回族自治县</td><td>20</td><td>40</td><td>196</td><td>–</td><td>0</td></tr>
<tr><td rowspan="11">楚雄彝族自治州</td><td>楚雄彝族自治州</td><td>733</td><td>646</td><td>2917</td><td>5</td><td>7</td></tr>
<tr><td>楚雄市</td><td>181</td><td>219</td><td>1093</td><td>–</td><td>3</td></tr>
<tr><td>双柏县</td><td>30</td><td>22</td><td>68</td><td>–</td><td>0</td></tr>
<tr><td>牟定县</td><td>22</td><td>77</td><td>237</td><td>–</td><td>0</td></tr>
<tr><td>南华县</td><td>21</td><td>74</td><td>222</td><td>–</td><td>0</td></tr>
<tr><td>姚安县</td><td>14</td><td>12</td><td>102</td><td>–</td><td>0</td></tr>
<tr><td>大姚县</td><td>40</td><td>79</td><td>232</td><td>–</td><td>0</td></tr>
<tr><td>永仁县</td><td>18</td><td>18</td><td>73</td><td>–</td><td>0</td></tr>
<tr><td>元谋县</td><td>15</td><td>31</td><td>138</td><td>–</td><td>0</td></tr>
<tr><td>武定县</td><td>45</td><td>23</td><td>143</td><td>–</td><td>0</td></tr>
<tr><td>禄丰县</td><td>45</td><td>57</td><td>347</td><td>–</td><td>0</td></tr>
<tr><td rowspan="6">红河哈尼族彝族自治州</td><td>红河哈尼族彝族自治州</td><td>1077</td><td>931</td><td>4913</td><td>19</td><td>4</td></tr>
<tr><td>蒙自市</td><td>91</td><td>199</td><td>847</td><td>–</td><td>0</td></tr>
<tr><td>个旧市</td><td>180</td><td>81</td><td>967</td><td>–</td><td>2</td></tr>
<tr><td>开远市</td><td>58</td><td>100</td><td>488</td><td>–</td><td>1</td></tr>
<tr><td>绿春县</td><td>28</td><td>16</td><td>88</td><td>–</td><td>0</td></tr>
<tr><td>建水县</td><td>99</td><td>96</td><td>447</td><td>–</td><td>0</td></tr>
</table>

（续上表）

地　名			申请件数	注册件数	有效注册量	地理标志	中国申请人马德里注册
云南省	红河哈尼族彝族自治州	石屏县	37	37	231	–	0
		弥勒县	84	145	418	–	0
		泸西县	71	128	647	–	0
		元阳县	36	35	204	–	0
		红河县	41	22	179	–	0
		金平苗族瑶族傣族自治县	21	30	121	–	0
		河口瑶族自治县	58	21	175	–	0
		屏边苗族自治县	16	20	96	–	0
	文山壮族苗族自治州	文山壮族苗族自治州	783	476	2477	6	0
		文山市	265	238	1252	–	0
		砚山县	81	34	302	–	0
		西畴县	19	11	44	–	0
		麻栗坡县	40	15	69	–	0
		马关县	34	27	89	–	0
		丘北县	62	22	327	–	0
		广南县	117	91	256	–	0
		富宁县	49	38	138	–	0
	西双版纳傣族自治州	西双版纳傣族自治州	1000	655	3059	3	3
		景洪市	384	422	1622	–	1
		勐海县	459	159	1080	–	1
		勐腊县	82	49	289	–	0
西藏自治区	西藏自治区		1824	906	4548	14	4
	拉萨市	拉萨市	1237	666	3043	1	4
		城关区	58	15	67	–	0
		林周县	5	3	7	–	0
		当雄县	7	2	85	–	1
		尼木县	42	8	20	–	0
		曲水县	17	15	61	–	0
		堆龙德庆县	17	7	75	–	0
		达孜县	30	12	59	–	0
		墨竹工卡县	6	7	18	–	0

（续上表）

地　名			申请件数	注册件数	有效注册量	地理标志	中国申请人马德里注册
西藏自治区	那曲地区	那曲地区	23	30	85	4	0
		那曲县	3	24	35	–	0
		嘉黎县	0	0	2	–	0
		比如县	2	2	3	–	0
		聂荣县	0	0	0	–	0
		安多县	0	0	2	–	0
		申扎县	0	0	2	–	0
		索县	0	0	4	–	0
		班戈县	0	0	3	–	0
		巴青县	0	0	1	–	0
		尼玛县	2	0	1	–	0
	昌都地区	昌都地区	39	6	77	0	0
		昌都县	3	1	21	–	0
		江达县	1	3	14	–	0
		贡觉县	0	0	8	–	0
		类乌齐县	0	0	2	–	0
		丁青县	11	0	1	–	0
		察雅县	0	0	3	–	0
		八宿县	0	0	5	–	0
		左贡县	0	0	1	–	0
		芒康县	10	0	6	–	0
		洛隆县	0	0	2	–	0
		边坝县	0	0	0	–	0
	林芝地区	林芝地区	226	54	412	4	0
		林芝县	70	9	52	–	0
		工布江达县	3	0	3	–	0
		米林县	4	2	59	–	0
		墨脱县	10	0	16	–	0
		波密县	50	3	11	–	0
		察隅县	2	1	60	–	0
		朗县	1	0	12	–	0
	山南地区	山南地区	149	101	400	2	0

（续上表）

地　名			申请件数	注册件数	有效注册量	地理标志	中国申请人马德里注册
西藏自治区	山南地区	乃东县	9	14	45	–	0
		扎囊县	5	0	24	–	0
		贡嘎县	0	0	7	–	0
		桑日县	0	1	3	–	0
		琼结县	1	8	16	–	0
		曲松县	6	1	8	–	0
		措美县	0	6	8	–	0
		洛扎县	6	1	8	–	0
		加查县	6	8	21	–	0
		隆子县	0	4	10	–	0
		错那县	2	0	4	–	0
		浪卡子县	2	5	9	–	0
	日喀则地区	日喀则地区	128	43	272	3	0
		日喀则市	32	28	128	–	0
		南木林县	2	0	9	–	0
		江孜县	6	1	16	–	0
		定日县	21	3	42	–	0
		萨迦县	0	0	3	–	0
		拉孜县	1	5	13	–	0
		昂仁县	4	1	1	–	0
		谢通门县	1	1	5	–	0
		白朗县	0	1	7	–	0
		仁布县	2	1	13	–	0
		康马县	0	0	1	–	0
		定结县	0	0	3	–	0
		仲巴县	1	0	2	–	0
		亚东县	6	0	4	–	0
		吉隆县	3	0	2	–	0
		聂拉木县	2	1	10	–	0
		萨嘎县	0	0	0	–	0
		岗巴县	0	0	0	–	0
	阿里地区	阿里地区	20	4	185	0	0

（续上表）

地名			申请件数	注册件数	有效注册量	地理标志	中国申请人马德里注册
西藏自治区	阿里地区	噶尔县	3	0	152	–	0
		普兰县	10	0	6	–	0
		札达县	0	0	0	–	0
		日土县	0	0	0	–	0
		革吉县	0	1	1	–	0
		改则县	0	0	1	–	0
		措勤县	0	0	2	–	0
陕西省	陕西省		38903	28496	130237	61	138
	西安市	西安市	25949	19505	88645	1	106
		未央区	1190	923	4206	–	0
		莲湖区	1497	1000	4428	–	1
		新城区	723	630	3455	–	2
		碑林区	1343	989	4939	–	3
		灞桥区	280	441	1715	–	0
		雁塔区	1439	1718	8144	–	3
		阎良区	115	160	807	–	0
		临潼区	140	154	1064	–	1
		长安区	594	536	2814	–	0
		蓝田县	103	94	674	–	0
		周至县	214	151	911	–	0
		户县	197	145	845	–	0
		高新技术产业开发区	5862	9956	34683	–	0
		经济技术开发区	199	44	266	–	0
		高陵县	128	40	233	–	0
	延安市	延安市	1103	531	2679	15	0
		宝塔区	146	179	884	–	0
		延长县	25	14	112	–	0
		延川县	24	25	230	–	0
		子长县	29	22	69	–	0
		安塞县	7	20	88	–	0

（续上表）

地名			申请件数	注册件数	有效注册量	地理标志	中国申请人马德里注册
陕西省	延安市	志丹县	22	34	152	–	0
		吴起县	16	6	74	–	0
		甘泉县	38	7	131	–	0
		富县	31	51	158	–	0
		洛川县	64	37	151	–	0
		宜川县	23	31	94	–	0
		黄龙县	22	19	56	–	0
		黄陵县	117	16	97	–	0
	铜川市	铜川市	351	217	1062	3	0
		耀州区	59	53	388	–	0
		宜君县	8	10	52	–	0
		王益区	35	23	167	–	0
		印台区	17	83	213	–	0
	渭南市	渭南市	1892	976	6814	5	2
		临渭区	145	118	776	–	0
		华阴市	41	28	398	–	0
		韩城市	104	68	538	–	0
		华县	87	31	212	–	0
		潼关县	31	29	188	–	0
		大荔县	167	107	761	–	0
		蒲城县	292	133	1354	–	0
		澄城县	39	49	357	–	0
		白水县	34	163	459	–	2
		合阳县	93	43	237	–	0
		富平县	143	147	908	–	0
	咸阳市	咸阳市	2867	1688	8620	3	10
		秦都区	407	335	1423	–	0
		杨陵区	13	26	161	–	0
		渭城区	174	356	991	–	1
		兴平市	255	97	524	–	0

（续上表）

地　名			申请件数	注册件数	有效注册量	地理标志	中国申请人马德里注册
陕西省	咸阳市	三原县	130	121	767	–	0
		泾阳县	195	168	736	–	1
		乾县	101	52	278	–	0
		礼泉县	84	41	292	–	0
		永寿县	16	22	78	–	0
		彬县	76	19	140	–	0
		长武县	63	21	71	–	0
		旬邑县	60	40	125	–	0
		淳化县	33	24	101	–	0
		武功县	118	49	326	–	0
	宝鸡市	宝鸡市	2108	1205	6391	5	14
		金台区	139	98	546	–	1
		渭滨区	329	324	1184	–	2
		陈仓区	69	133	561	–	0
		凤翔县	179	99	494	–	0
		岐山县	118	98	402	–	0
		扶风县	67	73	449	–	0
		眉县	173	107	491	–	1
		陇县	35	54	305	–	0
		千阳县	26	9	93	–	0
		麟游县	61	23	53	–	0
		凤县	45	43	201	–	0
		太白县	88	31	430	–	0
	汉中市	汉中市	1155	552	3530	11	4
		汉台区	153	122	811	–	0
		南郑县	60	58	397	–	1
		城固县	76	59	372	–	0
		洋县	68	52	395	–	0
		西乡县	80	64	449	–	0
		勉县	177	34	389	–	0
		宁强县	44	67	225	–	0
		略阳县	34	39	132	–	0

（续上表）

地名			申请件数	注册件数	有效注册量	地理标志	中国申请人马德里注册
陕西省	汉中市	镇巴县	66	21	81	–	0
		留坝县	5	3	51	–	0
		佛坪县	6	1	11	–	0
	榆林市	榆林市	1729	2610	6889	8	1
		榆阳区	255	860	1737	–	1
		神木县	207	456	1386	–	0
		府谷县	67	285	672	–	0
		横山县	37	161	428	–	0
		靖边县	108	71	276	–	0
		定边县	89	66	307	–	0
		绥德县	79	37	214	–	0
		米脂县	46	105	385	–	0
		佳县	36	31	119	–	0
		吴堡县	17	15	67	–	0
		清涧县	42	26	135	–	0
		子洲县	48	33	128	–	0
	安康市	安康市	826	550	2038	5	0
		汉滨区	193	197	535	–	0
		汉阴县	53	67	187	–	0
		石泉县	46	49	160	–	0
		宁陕县	7	13	42	–	0
		紫阳县	50	40	144	–	0
		岚皋县	29	34	228	–	0
		平利县	42	37	134	–	0
		镇坪县	62	12	47	–	0
		旬阳县	42	60	188	–	0
		白河县	20	12	57	–	0
	商洛市	商洛市	616	347	1642	5	1
		商州区	34	41	248	–	0
		洛南县	45	82	317	–	0
		丹凤县	31	2	10	–	0
		商南县	47	59	296	–	1

（续上表）

地名			申请件数	注册件数	有效注册量	地理标志	中国申请人马德里注册
陕西省	商洛市	山阳县	76	53	299	–	0
		镇安县	28	40	231	–	0
		柞水县	69	62	200	–	0
	杨凌农业高新技术产业示范区		291	239	1520	0	0
甘肃省	甘肃省		8600	4224	27576	57	10
	兰州市	兰州市	4166	1639	12740	2	7
		城关区	1519	1094	8126	–	4
		七里河区	372	228	1803	–	1
		西固区	62	59	669	–	0
		安宁区	126	114	693	–	0
		红古区	9	19	93	–	0
		永登县	52	45	278	–	0
		皋兰县	71	24	129	–	0
		榆中县	63	37	411	–	0
	嘉峪关市	嘉峪关市	52	72	479	0	0
	金昌市	金昌市	106	78	628	0	1
		金川区	25	27	134	–	0
		永昌县	56	29	210	–	0
	白银市	白银市	524	240	1534	2	0
		白银区	50	67	356	–	0
		平川区	22	30	126	–	0
		靖远县	71	45	294	–	0
		会宁县	61	35	193	–	0
		景泰县	57	61	434	–	0
	天水市	天水市	385	339	1936	7	0
		秦州区	49	112	622	–	0
		麦积区	71	60	439	–	0
		清水县	9	29	104	–	0
		秦安县	32	39	339	–	0
		甘谷县	30	48	187	–	0

（续上表）

地　名			申请件数	注册件数	有效注册量	地理标志	中国申请人马德里注册
甘肃省	天水市	武山县	20	23	105	–	0
		张家川回族自治县	22	16	58	–	0
	武威市	武威市	471	209	1099	4	0
		凉州区	136	102	473	–	0
		民勤县	73	39	197	–	0
		古浪县	36	37	88	–	0
		天祝藏族自治县	17	22	74	–	0
	酒泉市	酒泉市	309	245	1439	2	1
		肃州区	86	86	415	–	0
		玉门市	18	30	157	–	0
		敦煌市	26	52	370	–	0
		金塔县	19	17	119	–	0
		瓜州县	14	41	113	–	0
		肃北蒙古族自治县	7	7	17	–	0
		阿克塞哈萨克族自治县	1	0	15	–	0
	张掖市	张掖市	395	207	1226	5	0
		甘州区	107	88	396	–	0
		民乐县	31	35	208	–	0
		临泽县	49	15	95	–	0
		高台县	17	11	94	–	0
		山丹县	27	24	106	–	0
		肃南裕固族自治县	3	12	65	–	0
	庆阳市	庆阳市	422	215	1059	5	0
		西峰区	93	75	366	–	0
		庆城县	30	13	84	–	0
		环县	15	5	98	–	0
		华池县	4	31	75	–	0
		合水县	6	7	44	–	0
		正宁县	16	9	48	–	0
		宁县	27	36	195	–	0
		镇原县	27	32	123	–	0
	平凉市	平凉市	372	159	1007	7	0

（续上表）

地　名			申请件数	注册件数	有效注册量	地理标志	中国申请人马德里注册
甘肃省	平凉市	崆峒区	81	43	282	–	0
		泾川县	17	29	98	–	0
		灵台县	22	4	79	–	0
		崇信县	9	3	29	–	0
		华亭县	15	6	57	–	0
		庄浪县	12	16	61	–	0
		静宁县	47	46	198	–	0
	定西市	定西市	478	286	1310	8	1
		安定区	112	57	239	–	1
		通渭县	27	34	104	–	0
		临洮县	37	45	322	–	0
		漳县	7	11	35	–	0
		岷县	37	35	132	–	0
		渭源县	17	34	107	–	0
		陇西县	66	69	324	–	0
	陇南市	陇南市	362	173	1096	3	0
		武都区	62	47	239	–	0
		成县	13	15	91	–	0
		宕昌县	17	27	108	–	0
		康县	30	10	149	–	0
		文县	48	20	133	–	0
		西和县	17	12	73	–	0
		礼县	13	8	60	–	0
		两当县	14	3	23	–	0
		徽县	22	31	217	–	0
	临夏回族自治州	临夏回族自治州	317	229	1091	4	0
		临夏市	57	64	339	–	0
		临夏县	44	32	153	–	0
		康乐县	25	14	85	–	0
		永靖县	47	46	210	–	0
		广河县	21	30	123	–	0
		和政县	19	15	53	–	0

（续上表）

地名			申请件数	注册件数	有效注册量	地理标志	中国申请人马德里注册
甘肃省	临夏回族自治州	东乡族自治县	28	16	94	–	0
		积石山保安族东乡族撒拉族自治县	19	12	33	–	0
	甘南藏族自治州	甘南藏族自治州	235	127	766	8	0
		合作市	85	26	147	–	0
		临潭县	9	16	67	–	0
		卓尼县	28	18	65	–	0
		舟曲县	14	4	27	–	0
		迭部县	7	6	172	–	0
		玛曲县	14	9	80	–	0
		碌曲县	9	0	47	–	0
		夏河县	20	42	147	–	0
青海省	青海省		3480	2094	10829	32	3
	西宁市	西宁市	2233	1235	7626	3	1
		城中区	234	178	1019	–	0
		城东区	153	124	878	–	0
		城西区	165	136	996	–	0
		城北区	132	110	548	–	0
		大通回族土族自治县	51	38	317	–	0
		湟源县	10	15	152	–	0
		湟中县	64	79	433	–	0
	海东地区	海东地区	233	240	1685	8	1
		平安县	24	28	230	–	0
		乐都县	22	42	282	–	0
		民和回族土族自治县	14	23	230	–	0
		互助土族自治县	34	74	373	–	1
		化隆回族自治县	30	18	175	–	0
		循化撒拉族自治县	42	55	393	–	0
	海北藏族自治州	海北藏族自治州	157	62	431	10	0
		海晏县	39	15	58	–	0
		祁连县	65	15	138	–	0
		刚察县	7	9	84	–	0

（续上表）

地名			申请件数	注册件数	有效注册量	地理标志	中国申请人马德里注册
青海省	海北藏族自治州	门源回族自治县	25	20	105	–	0
	海南藏族自治州	海南藏族自治州	143	123	428	4	0
		共和县	55	85	236	–	0
		同德县	6	2	15	–	0
		贵德县	28	22	105	–	0
		兴海县	15	5	41	–	0
		贵南县	19	9	28	–	0
	黄南藏族自治州	黄南藏族自治州	92	70	225	0	0
		同仁县	19	24	94	–	0
		尖扎县	28	8	45	–	0
		泽库县	11	3	31	–	0
		河南蒙古族自治县	13	34	50	–	0
	果洛藏族自治州	果洛藏族自治州	50	47	161	1	0
		玛沁县	25	20	57	–	0
		班玛县	4	16	38	–	0
		甘德县	2	5	13	–	0
		达日县	5	3	12	–	0
		久治县	10	3	38	–	0
		玛多县	0	10	22	–	0
	玉树藏族自治州	玉树藏族自治州	111	19	275	2	1
		玉树县	23	12	184	–	1
		杂多县	0	2	17	–	0
		称多县	4	1	42	–	0
		治多县	2	0	14	–	0
		囊谦县	11	3	14	–	0
		曲麻莱县	12	3	11	–	0
	海西蒙古族藏族自治州	海西蒙古族藏族自治州	319	271	1473	0	0
		德令哈市	76	18	162	–	0
		格尔木市	115	196	861	–	0
		乌兰县	28	14	111	–	0
		都兰县	77	32	201	–	0

（续上表）

地名			申请件数	注册件数	有效注册量	地理标志	中国申请人马德里注册
青海省	海西蒙古族藏族自治州	天峻县	12	10	88	–	0
		冷湖行政委员会	4	1	13	0	0
		茫崖行政委员会	4	0	23	–	0
		大柴旦行政委员会	1	0	11	–	0
宁夏回族自治区	宁夏回族自治区		4698	2506	15693	17	19
	银川市	银川市	2896	1689	9620	4	10
		兴庆区	685	579	2418	–	0
		金凤区	275	310	948	–	1
		西夏区	188	80	472	–	0
		灵武市	70	120	523	–	0
		永宁县	129	141	740	–	1
		贺兰县	101	54	385	–	0
	石嘴山市	石嘴山市	264	164	1081	1	5
		大武口区	69	57	344	–	2
		惠农区	50	35	213	–	2
		平罗县	103	63	431	–	0
	吴忠市	吴忠市	590	254	1645	4	3
		利通区	95	56	339	–	0
		青铜峡市	109	57	479	–	2
		盐池县	63	44	185	–	1
		同心县	57	33	159	–	0
		红寺堡区	56	28	73	–	0
	固原市	固原市	301	105	699	4	0
		原州区	36	28	173	–	0
		西吉县	20	22	108	–	0
		隆德县	90	7	66	–	0
		泾源县	8	4	52	–	0
		彭阳县	25	23	152	–	0
	中卫市	中卫市	608	291	1551	2	1
		沙坡头区	133	89	272	–	0
		中宁县	189	137	748	–	0
		海原县	27	16	93	–	0

（续上表）

地名			申请件数	注册件数	有效注册量	地理标志	中国申请人马德里注册
新疆维吾尔自治区	新疆维吾尔自治区		17051	11760	64230	59	88
	乌鲁木齐市	乌鲁木齐市	6571	4545	27282	0	58
		天山区	1809	1331	4582	–	2
		沙依巴克区	864	540	1714	–	1
		新市区	746	305	1026	–	1
		水磨沟区	271	283	849	–	0
		头屯河区	87	76	626	–	2
		达坂城区	34	17	167	–	0
		米东区	316	166	941	–	0
		乌鲁木齐县	82	70	391	–	1
	克拉玛依市	克拉玛依市	282	148	1193	0	0
		克拉玛依区	57	29	133	–	0
		独山子区	22	17	204	–	0
		白碱滩区	8	8	123	–	0
		乌尔禾区	4	1	31	–	0
	石河子市	石河子市	212	142	1346	0	3
	阿拉尔市	阿拉尔市	45	71	280	0	0
	图木舒克市	图木舒克市	22	23	91	0	0
	五家渠市	五家渠市	23	37	266	0	0
	喀什地区	喀什地区	1875	1256	5866	12	0
		喀什市	777	502	2684	–	0
		疏附县	156	50	232	–	0
		疏勒县	97	51	255	–	0
		英吉沙县	64	39	214	–	0
		泽普县	40	41	164	–	0
		莎车县	175	128	501	–	0
		叶城县	133	109	393	–	0
		麦盖提县	53	25	171	–	0
		岳普湖县	23	23	145	–	0

（续上表）

地　名			申请件数	注册件数	有效注册量	地理标志	中国申请人马德里注册
新疆维吾尔自治区	喀什地区	伽师县	98	67	233	–	0
		巴楚县	101	63	350	–	0
		塔什库尔干塔吉克自治县	15	3	9	–	0
	阿克苏地区	阿克苏地区	1020	805	4114	14	0
		阿克苏市	227	9	27	–	0
		温宿县	84	74	459	–	0
		库车县	150	99	617	–	0
		沙雅县	40	37	221	–	0
		新和县	128	62	311	–	0
		拜城县	38	18	229	–	0
		乌什县	16	12	72	–	0
		阿瓦提县	90	113	517	–	0
		柯坪县	16	20	64	–	0
	和田地区	和田地区	1531	960	3265	4	1
		和田市	520	391	1320	–	0
		和田县	177	105	313	–	0
		墨玉县	381	204	835	–	0
		皮山县	105	87	201	–	0
		洛浦县	121	57	234	–	0
		策勒县	61	49	133	–	0
		于田县	108	52	187	–	0
		民丰县	6	4	24	–	0
	吐鲁番地区	吐鲁番地区	281	136	1288	3	2
		吐鲁番市	90	1	12	–	0
		鄯善县	94	53	399	–	2
		托克逊县	44	18	189	–	0
	哈密地区	哈密地区	224	197	964	2	0
		哈密市	147	142	846	–	0
		伊吾县	18	1	15	–	0
		巴里坤哈萨克自治县	22	33	65	–	0
	克孜勒苏柯尔克孜自治州		261	189	941	4	0

（续上表）

地　名			申请件数	注册件数	有效注册量	地理标志	中国申请人马德里注册
新疆维吾尔自治区	克孜勒苏柯尔克孜自治州	阿图什市	207	141	725	–	0
		阿克陶县	31	37	136	–	0
		阿合奇县	4	0	14	–	0
		乌恰县	19	11	64	–	0
	博尔塔拉蒙古自治州	博尔塔拉蒙古自治州	173	166	1218	1	2
		博乐市	90	99	822	–	2
		精河县	60	36	216	–	0
		温泉县	18	28	169	–	0
	昌吉回族自治州	昌吉回族自治州	1225	709	4816	3	13
		昌吉市	543	356	2513	–	2
		阜康市	84	76	434	–	1
		呼图壁县	177	33	300	–	0
		玛纳斯县	70	46	433	–	2
		奇台县	137	87	431	–	1
		吉木萨尔县	31	38	281	–	0
		木垒哈萨克自治县	51	68	188	–	0
	巴音郭楞蒙古自治州	巴音郭楞蒙古自治州	913	643	4947	8	3
		库尔勒市	549	364	3040	–	0
		轮台县	25	17	141	–	0
		尉犁县	52	57	195	–	0
		若羌县	31	32	265	–	0
		且末县	15	17	87	–	0
		和静县	75	32	347	–	0
		和硕县	49	42	175	–	1
		博湖县	20	11	179	–	1
		焉耆回族自治县	81	71	516	–	1
	伊犁哈萨克自治州	伊犁哈萨克自治州	1072	696	3953	4	5
		伊宁市	268	169	1430	–	3
		奎屯市	109	43	377	–	0
		伊宁县	192	53	275	–	0
		霍城县	119	71	518	–	2
		巩留县	26	8	107	–	0

（续上表）

地名			申请件数	注册件数	有效注册量	地理标志	中国申请人马德里注册
新疆维吾尔自治区	伊犁哈萨克自治州	新源县	96	106	545	–	0
		昭苏县	32	35	154	–	0
		特克斯县	89	23	117	–	0
		尼勒克县	35	25	126	–	0
		察布查尔锡伯自治县	83	155	262	–	0
	塔城地区	塔城地区	343	269	1281	3	1
		塔城市	49	2	4	–	1
		乌苏市	89	81	334	–	0
		额敏县	48	62	242	–	0
		沙湾县	67	27	194	–	0
		托里县	19	33	121	–	0
		裕民县	14	3	62	–	0
		和布克赛尔蒙古自治县	14	10	76	–	0
	阿勒泰地区	阿勒泰地区	306	164	912	1	0
		阿勒泰市	25	2	3	–	0
		布尔津县	131	13	138	–	0
		富蕴县	16	28	140	–	0
		福海县	45	18	107	–	0
		哈巴河县	26	17	100	–	0
		青河县	18	13	107	–	0
		吉木乃县	10	19	53	–	0
香港特别行政区			76054	47385	217273	0	6
澳门特别行政区			1202	440	3080	0	0
台湾省			14676	10988	109672	3	287

注：“–”表示该地区未统计。

责任编辑　权燕子　张俏岩
统筹编辑　张亚丹
封面设计　浩　然

图书在版编目（CIP）数据

中国商标战略年度发展报告. 2014 / 中华人民共和国国家工商行政管理总局商标局，商标评审委员会编著. -- 北京：中国工商出版社，2015.4
ISBN 978-7-80215-785-9

Ⅰ. ①中… Ⅱ. ①中… ②商… Ⅲ. ①商标管理－研究报告－中国－2014 Ⅳ. ①F760.5

中国版本图书馆CIP数据核字（2015）第068510号

书名/中国商标战略年度发展报告（2014）
编著/中华人民共和国国家工商行政管理总局商标局　商标评审委员会

出版·发行/中国工商出版社
经销/新华书店
印刷/北京翌新工商印制公司
开本/889毫米×1194毫米　1/16　**印张**/15　**字数**/350千
版本/2015年4月第1版　2015年4月第1次印刷

社址/北京市丰台区花乡育芳园东里23号（100070）
电话/（010）63730074，83670785　**电子邮箱**：zggscbs@163.com

书号：ISBN　978-7-80215-785-9/F·885
定价：80.00元